… ERP 컨설팅 주변 이야기

ERP 컨설팅 주변 이야기

발행일	2015년 8월 12일

지은이	권 영 근		
펴낸이	손 형 국		
펴낸곳	(주)북랩		
편집인	선일영	편집	서대종, 이소현, 이은지
디자인	이현수, 윤미리내, 임혜수	제작	박기성, 황동현, 구성우, 이탄석
마케팅	김회란, 박진관, 이희정, 김아름		
출판등록	2004. 12. 1(제2012-000051호)		
주소	서울시 금천구 가산디지털 1로 168, 우림라이온스밸리 B동 B113, 114호		
홈페이지	www.book.co.kr		
전화번호	(02)2026-5777	팩스	(02)2026-5747
ISBN	979-11-5585-689-5 13320 (종이책)　　979-11-5585-690-1 15320 (전자책)		

이 책의 판권은 지은이와 (주)북랩에 있습니다.
내용의 일부와 전부를 무단 전재하거나 복제를 금합니다.

이 도서의 국립중앙도서관 출판예정도서목록(CIP)은 서지정보유통지원시스템 홈페이지(http://seoji.nl.go.kr)와
국가자료공동목록시스템(http://www.nl.go.kr/kolisnet)에서 이용하실 수 있습니다.
(CIP제어번호 : CIP2015020976)

아무도 알려주지 않은 ERP 실무의 모든 것

ERP 컨설팅 주변 이야기

권영근 지음

북랩 book Lab

서문

이 책을 쓰게 된 이유는 역설적으로 시장에 이제는 꽤 많은 ERP 관련 책이 나와서 쓰게 되었다. 즉 그만큼 많은 투자비용이 소요되는 외산 ERP가 많이 구축되었고, 이에 따라 ERP 모듈 책이나 ABAP 프로그래밍을 공부할 수 있는 책들이 많아져서 예전에 비해 관심 있는 사람이 공부하기도 좋아졌다.

더구나 SAP사의 경우 별도의 전문 교육 서비스를 아카데미를 통해 제공하고, SAP사와 협력하여 교육만을 전담 서비스하는 파트너사도 있어서, 바쁜 사람들을 위해 인터넷을 통한 교육도 실시한다.

90년대 중반 처음으로 SAP ERP를 시작할 때는 변변한 자료가 없어서 시행착오를 거치면서 배웠는데, 지금은 많은 자료가 있어서 어떻게 보면 '지금 ERP를 사용하고자 배우는 사람은 좋겠다.'라는 생각도 든다.

하지만 무릇 모든 인간사는 과거 본인이 경험했을 때는 어려웠는데, 지금은 그때보다는 좋다고 느낀다. 하기야 고대 플라톤도 "요즘 젊은 사람들은 좋겠어. 예전엔 이렇게 좋지 않았는데."라는 말을 했다고 하지 않는가.

이야기가 겉돌았다. 아무튼 ERP의 기능적 교육과 소개 관련 책은 꽤 많은데 좀 지루한 측면이 있다. 그래서 본인이 스스로 ERP 관련 컨설팅을 하면서 느꼈던 것들, 즉 소위 ERP주변인 측면에서 아직까지는 다른 책을 통해 이야기하지 않은 것도 좀더 덜 지루하게 설명해보고자, 짬짬이 시간을 내어 이 책을 완성하게 되었다.

현재 ERP업계에 있는 사람들 중에는 저자가 쓴 이 책에서 하는 이야기에 수긍하지 않는 사람들도 있을 것이다. 하지만 ERP 관련 회사에 취직을 하고 싶은 사람은 보통 어떻게 사람들이 ERP분야로 경력을 가지게 되는지 궁금할 수도 있고, 회사의 ERP를 추진해야 하는 입장에서는 ERP의 기능 외에 과연 어떠한 영업 프로세스를 거쳐서 ERP가 판매되는지도 궁금할 듯하다. 또 ERP 프로젝트를 하면서 일하는 사람들의 특징이 어떻게 묻어나는지 등 다른 책에서는 설명하지 않았던 것을 화장실에서 편하게 읽을 수 있게 하자는 거창한 목적을 가지고 본인이 경험한 것을 바탕으로 에세이처럼 만들게 되었다.

참고로 이 책은 ERP의 주변인 측면에서 썼다고 해서 ERP를 폄하하는 내용은 절대 아니다. 물론 ERP 무용론을 가지는 사람도 있을 수 있는데, 이 세상에 어찌 모든 사람들의 의견이 일치하겠는가, 우리 아들이 불행히도 내 외모를 닮을 수밖에 없는 유전적인 요인을 제외하고 모든 사람들은 실로 다양하지 않은가.

모쪼록 다양성이 존재한다는 것을 바탕으로 편하게 읽어주기를 바랄 뿐이다.

목차

서문 — 04

컨설팅 용역비의 단가 구조 — 11

　1. 비용의 전반적인 분석 — 12
　2. 비용을 구성하는 항목 — 18

ERP 라이선스 구조와 판매 방법 — 23

　1. ERP의 기능별 라이선스 — 26
　2. 유통 구조 — 31
　3. 기타 비용 — 37

산업용 ERP 솔루션의 특징 — 43

라이선스 Auditing — 51

ERP 컨설팅 분야에 취업하기 — 57

ERP를 전산실 주도로 할 것인가
현업 주도로 할 것인가 — 65

과연 ERP는 기업 경영에 도움이 되는가 #1 — 75

1. 실무자 입장에서 — 76
2. 경영자 입장에서 — 79
3. 전체 이용자 입장에서 — 82
4. 인력 관리 문제 — 89

제8장

과연 ERP는 기업 경영에 도움이 되는가 #2 — 93

제9장

나의 컨설팅 입문기 — 101

1. 첫 직장과 첫 번째 프로젝트 — 102
2. 두 번째 프로젝트와 이직의 유혹 — 108
3. 전문 컨설팅 회사로! — 113

제10장

좋은 현업 파트너와 좋은 컨설턴트란 — 115

1. 좋은 현업 파트너 — 117
2. 좋은 컨설턴트 — 124

제11장

ERP를 바라보는 한국과 외국의 차이점 — 131

ABC제약사(가칭)의 ERP 도입과 구축 및 운영까지의 시나리오 — 135

1. ABC제약은 ERP 프로젝트 시작 전 어떠한 배경으로 어떻게 ERP 솔루션을 선정하였을까? — 138
2. ABC제약 ERP 구축 프로젝트 — 146
3. ABC제약 ERP 오픈 후 운영 및 안정화 사례 — 156

SAP의 구조적 변화(SAP S/4 HANA) — 163

S/4 HANA의 주요 모듈의 변화 — 169

IT 컨설턴트의 소고 — 173

제1장
컨설팅 용역비의 단가 구조

1. 비용의 전반적인 분석

ERP는 고가의 시스템이다. 그래도 요즘에는 그 비용이 많이 감소하는 추세이지만, 아직도 기업들이 쉽게 도입을 결정하기는 어려운 시스템일 것이다.

보통 ERP 도입을 추진하는 기업에서 비용 측면에서 가장 관심이 많은 분야가 무엇일까? 아마도 구축 비용의 가장 많은 부분을 차지하는 컨설팅 업체가 요구하는 컨설팅 용역료일 것이다.

하지만 ERP 구축 시에 들어가는 비용은 컨설팅 용역료뿐만 아니라 ERP 라이선스 및 하드웨어 비용도 함께 필요하다. 즉 ERP 구축 시 들어가는 비용은 크게 첫째 컨설팅 비용, 둘째, 라이선스 비용, 셋째 하드웨어 비용으로 구분할 수 있다.

우선 컨설팅 용역 비용에 대해서 분석을 해 본다.

컨설팅 비용은 한마디로 ERP 구축 프로젝트 처음부터 시스템 오픈 및 안정화 기간까지 지원하는 컨설팅 회사의 용역 비용이다. 보통의 비용은 프로젝트 전체 기간 동안 몇 명의 컨설턴트가 며칠 혹은 몇 달 투입되었느냐에 따라 비용이 결정된다.

한편, 컨설팅 비용은 외국계 컨설팅 회사이냐 국내 토종 컨설팅 회사이냐에 따라 그 단가 차이가 꽤 큰 편이다. 즉 국제적으로 지명도가 높은 외국계 컨설팅 펌의 일간 용역료는 보통의 국내 토종 컨설팅 펌의 일간 단가보다 최소 20% 정도 높고 경우에 따라서는 60% 이상 되기도 한다.

그 이유는 해당 외국계 컨설팅 펌이 소유하고 있는 global resource나 global best practice 등 특정 산업의 프로젝트에 레퍼런스로 활용할 수 있는 지식이 방대하게 축적되어 있기 때문이다. 즉 프로젝트 진행 시 해당 기업에게 제시할 수 있는 가장 최적의 프로세스를 개개인의 컨설턴트 경험뿐만 아니라 해당 컨설팅 회사의 global knowledge 시스템을 통하여서도 제시할 수 있다는 장점이 고가의 컨설팅 비용에 포함 되어 있다는 뜻이다.

또한 외국계 컨설팅 펌이 고객에게 제시하는 컨설팅 비용이 낮아지기 힘든 이유가 있다. 이는 해당 global 컨설팅 펌이 특정 고객의 프로젝트 수주 전에서 반드시 수주하고자 하더라도 해당 컨설팅 펌의 본사의 의지 때문에 수주전에서 떨어지는 경우도 있다.

보통의 global 컨설팅 펌에서는 내부적으로 특정 가격 이하로 수주를 진행 못하게 컨설팅 가격 산정 방식이 결정되어 있다. 따라서 특정 고객에 대한 수주전 진행 시 해외 본사로부터 해당 수주전에서 제시할 가격을 본사로부터 승인 받은 후에 진행해야 된다.

따라서 만약 수주전에 일반 토종 컨설팅 회사가 함께 들어있다면 가격전에서 외국계 회사가 밀릴 가능성이 다분히 있다. 이 경우 외국계 컨설팅 회사는 가격보다는 컨설팅 회사의 국제적인 지명도 및 동종 산업 경험 등으로 고객에게 어필하게 된다.

하지만 정말 외국계 컨설팅 펌의 인력, 동종 산업 경험, 프로젝트 방법론 등이 토종 컨설팅 회사보다 뛰어날까?

답은 '그렇다'이다. 단, 동종 산업 경험이나 프로젝트 방법론상에서는 토종 컨설팅 회사보다 제반 지식이 뛰어나다. 하지만 특정 고객을 위한 프로젝트에서 가장 중요한 것은 투입되는 컨설턴트의 품질이 가장 중요한데, 그 개개인의 컨설턴트 품질이 토종 컨설팅 회사보다 월등하게 뛰어나지 못하다는 한계가 있다.

보통 외국계 컨설팅 회사에서는 ERP 컨설턴트를 자체 인력으로 많이 보유하고 있지 않다. 그 이유는 직원 보유 측면에서 이직율이 높은 컨설팅 분야에서 이용률이 높지 않을 경우를 대비해서 자체 보유 인력을 많이 가지고 가려고 하지 않는다. 따라서 프로젝트 PMO 조직에 해당하는 인력은 자체 인력으로 투입하고, 실제 업무 프로세스별로 일을 해야 하는 프로세스 컨설턴트는 국내 로컬 컨설팅업체 사람을 사용하거나 프리랜서를 사용하게 된다.

이 경우 해당 프로젝트의 품질은 해당 프로젝트에 투입되는 컨설턴트의 실력과 개성에 따라 많이 좌우되며, 프로젝트를 수행하는 회사의 경험이나 KM 등은 많이 활용되지 못한다.

그럼 해당 프로젝트에 투입되는 하청업체 소속 컨설턴트나 프리랜서는 외국계 컨설팅 회사를 위해서만 일을 하느냐?

당연히 아니다. 일거리가 있는 프로젝트에는 어느 곳이나 투입된다. 따라서 토종 컨설팅 회사가 수주한 프로젝트에도 외국계 컨설팅 펌이 수주한 프로젝트와 동일한 품질 및 경험의 컨설턴트가 투입된다.

오히려 더 품질이 우수한 컨설턴트가 토종 컨설팅 회사의 프로젝트에 투입될 가능성이 높다. 왜냐하면 외국계 컨설팅 회사 소속의 컨설턴트는 보통 애널리스트 급의 초, 중급자가 많다. 즉 국내외에서 상위권에 드는 대학을 졸업한 사람들이 외국계 컨설팅 회사에서는 채용되기도 하는데, 이러한 인력이 처음부터 토종 컨설팅 회사에 입사하기는 어렵다. 물론 유명대학을 졸업한 개인이 지원을 잘 하지도 않겠지만, 토종 컨설팅 회사 또한 이러한 사람이 지원해도 잘 뽑지를 않는다. 왜냐하면 지원하는 개인도 좀더 큰 컨설팅 회사에서 첫 사회생활을 시작하길 희망하고, 토종 회사에서도 ERP전문 컨설턴트로 육성하기 위해 많은 투자가 필요한 신입사원을 기피한다. 즉시 전력감이 되지 않는 대졸 신입사원을 채용하지 않는다는 뜻이다.

외국계 컨설팅 펌에서는 ERP 관련 분야도 있고, 전략 컨설팅, 경영 컨설팅 분야도 있어서, 신입사원을 육성하기 위한 투자 시스템도 토종 컨설팅 펌보다는 잘되어 있으므로 대학 졸업생을 채용한다. 하지만 이러한 인력이 ERP 프로젝트에도 투입되기 때문에 역설적으로 대형 외국계 회사에서 진행하는 프로젝트에 비교적 경력이 떨어지는 컨설턴트가 투입될 가능성이 더 높다. 하지만 외국계 컨설팅 펌은 강력한 PMO조직과 글로벌 레퍼런스라는 축적된 지식을 무기로 가지고 있기 때문에, 이것이 해당 인력의 경험을 상쇄할 수 있다고 볼 수 있다.

이상을 정리하면, 컨설팅 용역비는 외국계가 토종보다는 비싸며, 고객사 입장에서 컨설팅을 수행하는 회사 지명도에서 활용할 수 있는 리스크 관리나 경험, 지식 등을 중요하게 고려한다면 비싸더라도 외국계 컨설팅 회사와 일하는 것이고, 만약 ERP 프로젝트에 투입되는 컨설턴트 품질 대비 저렴한 용역비 지출을 더 우선시한다면 토종 컨설팅 회사와 일하는 것이 일반적이다.

하지만 이는 프로젝트의 비용 측면만 고려한 사항이다. 만약 이 책을 읽고 있는 사람이 ERP 프로젝트이건 아니면 대형 SI 프로젝트이건 프로젝트 규모가 1년 이상이며, 투입되는 예산이 백억이 넘는 프로젝트를 진행해야 하는 입장이라면 어떨까?

여러 컨설팅 업체가 경쟁에 참여했다고 가정하고, 책을 읽고 있는 본인이 업체를 결정해야 하는 위치라면 어느 업체를 선택할 것인가?

경쟁 입찰에 들어온 컨설팅 업체 중 절반은 외국계나 국내 굴지의 SI회사이고, 절반은 국내 선두권 토종 로컬 업체이다.

외국계나 국내 대형 SI회사는 연간 매출이 수천억 대이고, 비록 국내 선두권 로컬 업체이지만, 연간 매출은 300~400억 규모이다.

외국계 펌이나 대형 SI회사의 평균 제안 총금액은 백억이 넘는 가격에, 토종 로컬업체는 90억 초반에 가격 제안을 했다면 가격 차이는 30% 정도이다. 외국계나 대형 SI회사를 선정하더라도 국내 토종 업계가 보유하고 있는 컨설턴트가 하도급으로 투입되어, 업무 영역별 컨설턴트의 실력 차이는 대형업체나 토종업체간의 차이가 없다고 가정하자.

이 경우 가격이 싸다는 이유만으로 로컬 업체를 선정할 수 있을까?

이런 대형 프로젝트의 경우 업체를 선정해야 하는 입장에서는 프로젝트 진행 리스크를 절대 간과할 수 없을 것이다. 즉 제안 가격이 비싸더라도 PMO조직이 더 안정감이 있는 대형 SI업체나 외국계 업체가 구축 주계약자로 선정될 가능성이 매우 높을 것이다.

즉 ERP 구축 시장에서 외국계나 국내 대형 SI회사가 경쟁을 벌이는 시장과 토종 로컬 업체가 경쟁을 벌이는 시장은 구분되어 있다는 의미이다.

보통 10억~30억 규모는 토종 로컬 업체들 간의 경쟁 시장이며, 그 이상은 대형 펌 간의 경쟁 시장으로 보는 것이 맞다.

현재의 추세는 경쟁이 점점 치열해지면서 이러한 구분도 희석되고 있다. 즉 대형 펌이나 로컬 펌이나 컨설턴트 Utilization이 낮아지고 소위 프로젝트를 나가지 못하고 본사에 남아있는 인력이 증가하게 되면 마진이 낮은 프로젝트도 이제는 고민 없이 경쟁하는 무한 경쟁시대로 바뀌고 있다.

2. 비용을 구성하는 항목

그럼 ERP 구축 용역비를 구성하는 항목에는 어떠한 것이 있을까? SAP ERP 기준으로 20억 규모의 ERP 프로젝트 시 컨설팅업체가 제안하는 전형적인 업무영역별 모듈 컨설턴트 투입 견적을 알아본다.

일단 ERP 구축 대상 회사의 개요는 다음과 같다고 가정한다.

· 업체명: ABA화학㈜
· 매출액: 2천억 규모
· 산업군: 화학산업군
· 특징: 자체 생산이 존재하며, 거대 설비 관리가 중요
· 구축 대상 업무: 재무, 관리회계, 인사, 영업관리, 구매관리, 설비관리, 생산관리

위와 같은 회사를 SAP ERP기준으로 구축할 경우 변화 관리 컨설턴트나 기준정보 컨설턴트, Integration Manager 등의 PMO조직 없이 실무 컨설턴트들로만 구성하여 투입하는 것으로 가정하고 가장 일반적인 투입 인력을 산정해 보면 아래와 같다.

모듈/기간	Analysis		Deploy				Open & Stablize		M/M Total
	M1	M2	M3	M4	M5	M6	M7	M8	
Project Manager	1.0	1.0	1.0	1.0	1.0	1.0	1.0	1.0	8.0
재무회계	1.0	1.0	1.0	1.0	1.0	1.0	1.0	1.0	8.0
관리회계	1.0	1.0	1.0	1.0	1.0	1.0	1.0	1.0	8.0
인사관리	1.0	1.0	1.0	1.0	1.0	1.0	1.0	1.0	8.0
영업관리	1.0	1.0	1.0	1.0	1.0	1.0	1.0	1.0	8.0
구매관리	1.0	1.0	1.0	1.0	1.0	1.0	1.0	1.0	8.0
설비관리	1.0	1.0	1.0	1.0	1.0	1.0	1.0	1.0	8.0
생산관리	1.0	1.0	1.0	1.0	1.0	1.0	1.0	1.0	8.0
Basis	0.5	0.5	0.5	0.5	0.5	0.5	0.5	0.5	4.0
ABAP개발			1.0	1.0	1.0	1.0	1.0	1.0	6.0
ABAP개발			1.0	1.0	1.0	1.0	1.0	1.0	6.0
ABAP개발			1.0	1.0	1.0	1.0	1.0	1.0	6.0
ABAP개발			1.0	1.0	1.0	1.0	1.0	1.0	6.0
ABAP개발			1.0	1.0	1.0	1.0	1.0	1.0	6.0
Web I/F			1.0	1.0	1.0	1.0	1.0	1.0	6.0
Legacy I/F			1.0	1.0	1.0	1.0	1.0	1.0	6.0
투입M/M Total	8.5	8.5	15.5	15.5	15.5	15.5	15.5	15.5	110.0

위와 같은 컨설턴트 투입 일정은 시스템 구축이 6개월이며, 7개월차에 오픈 후 SAP ERP가 가동되고, 8개월차에 첫번째 SAP 결산까지 지원하고 프로젝트를 종료한다고 가정한 경우의 투입 일정이다.

보통의 로컬 컨설팅업계에서 위와 같은 투입 일정과 투입 컨설턴트로 용역비 견적을 계산하는 경우 대략 13억 초반에서 16억 사이가 나온다.

예산이 20억이라고 가정하는 경우 나머지 금액이 HW와 라이선스 구매 비용이 된다.

참고로 Basis는 SAP ERP를 설치하고, 프로젝트 시 개발, 품질, 생산 시스템적을 구분하면서 진행될 때의 인프라를 지원하는 컨설턴트이며, ABAP은 SAP 전용 개발 컨설턴트를 의미한다.

위 일정으로 프로젝트를 진행하더라도 상당히 바쁜 일정으로 프로젝트가 진행된다. 특히 설비관리 모듈은 마스터데이터 정비부터 시작되어야 하는데, 중후장대형 장치산업군에서는 상당한 비중을 차지하는 중요 모듈이며, 어떤 경우에는 설비관리 마스터데이터 표준화 및 마이그레이션을 위한 전담인력이 추가로 투입되기도 한다.

위 일정으로 프로젝트가 진행된다면 첫 2개월 동안은 기존 프로세스 대비 To-Be 프로세스 설계 작업이 들어가며, 이를 바탕으로 구축 단계인 Deploy 단계에서 각종 개발과 함께 IMG설정 및 통합테스트 작업, 마스터 데이터 마이그레이션 작업, 사용자 교육 작업들이 이루어질 것이다. 6개월 후 SAP ERP 시스템이 오픈될 즈음에는 기초 데이터(initial balance migration) 작업이 이루어질 것이다.

만약 위의 ABC화학㈜이라는 업체에서 Data Warehouse(DW)까지 구축하고자 한다면 당연히 구축 비용은 더 추가될 것이다.

매출이 2천억 규모인 회사에서 20억이란 금액을 ERP 구축에 투자하는 것은 상당히 큰 IT투자가 될 것이고, 아마도 해당 회사에서는 이러한 규모의 금액을 일시적으로 투입했던 경우가 많지 않을 것이다. 따라서 얼마나 구축 컨설팅업체를 잘 선정하는가가 투자액 대비 성공적 ERP구현이 중요한 것인지를 알 수 있다.

만약 위 규모의 ERP를 외국계나 대형 SI업체를 통해 구축한다고 가정해 보면 당연히 구축 용역비는 더 커질 것이고, 투자를 하는 ABC화학㈜ 같은 업체 입장에서는 시장에서 가격 대비 실력이 좋은 레퍼런스를 고려하여 로컬 컨설팅업체를 구축 사업자로 선정할 가능성이 매우 높다.

이렇듯 ERP 구축 시장에서는 외국계나 대형 SI업체가 바라보는 고객군과 중견기업을 대상으로 하는 로컬 컨설팅 업체가 바라보는 고객군이 크게 겹치지 않는다. 물론 대부분의 대형 고객사가 이미 ERP를 모두 구축하였고, 중견기업이 남은 현재 시장 구조 상 대형과 중견 컨설팅 업계의 시장 내의 경쟁은 과거와는 다르게 점점 가속화할 것이다.

위와 같은 일정과 투입 인력도 이제는 더 줄어들고 있고, 프로젝트 진행도 동종업계 구축 방법론을 진화시켜 더 빠르게 진행되고 있다. 즉 외산 ERP가 한국시장에 들어온 지 30여 년이 지나가고 있고, 경력 10년 이상의 컨설턴트가 시장에 많아지고 유사 고객 구축 프로젝트도 많아졌다. 또한 고객도 점점 더 공부하고 컨설팅 회사도 템플릿화된 개발 사항이나 커스터마이징 사항을 포함하여 유사 산업 레퍼런스를 활용하는 경우가 증가하면서 고객이 요구하는 시간과 공수 및 컨설팅 사가 제안하는 시간과 공수 모두 더 줄어들고 있다. 저자의 한국과 해외 고객 경험을 모두 비추어 보면 특히 한국이 이러한 경우가 더 가속화되고 있다. 비록 시장에 경험 산업과 경험자가 더 많아지게 되더라도 프로젝트는 방법론상 단계가 존재하고 해당 단계마다 진행하는 사람의 경험이 증가된 것은 이해가 간다. 하지만 사용자 교육을 위한 변화 관리나 데이터 클렌징, 데이터 마이그레이션은 해당 고객의 볼륨이 중요하고 절대적인 작업 시간 투입이 필요하다. 그럼에도 한국의 경우는 이미 유사 산업 경험이 있다는 이유로 돌다리를 두드리면서 가야 할 진행 단계도 상당히 무리하게 일정을 줄이는 경향이 매우 높다.

이에 대한 한국과 해외 프로젝트의 차이는 프로젝트 진행 단계보다는 오픈 후 운영 단계의 안정화에서 꽤 큰 차이가 난다.

저자의 경험 기준으로 해외 프로젝트 혹은 해외고객의 Roll-Out, Roll-In 프로젝트의 경우 전형적인 한국 고객보다 안정화 진행률이 30%는 더 빠르게 연착륙된다고 느낀다.

다음 장에서는 구축 용역비와 함께 또 다른 중요한 요소인 ERP 라이선스에 대해서 알아보도록 하겠다.

ERP 라이선스 구조와 판매 방법

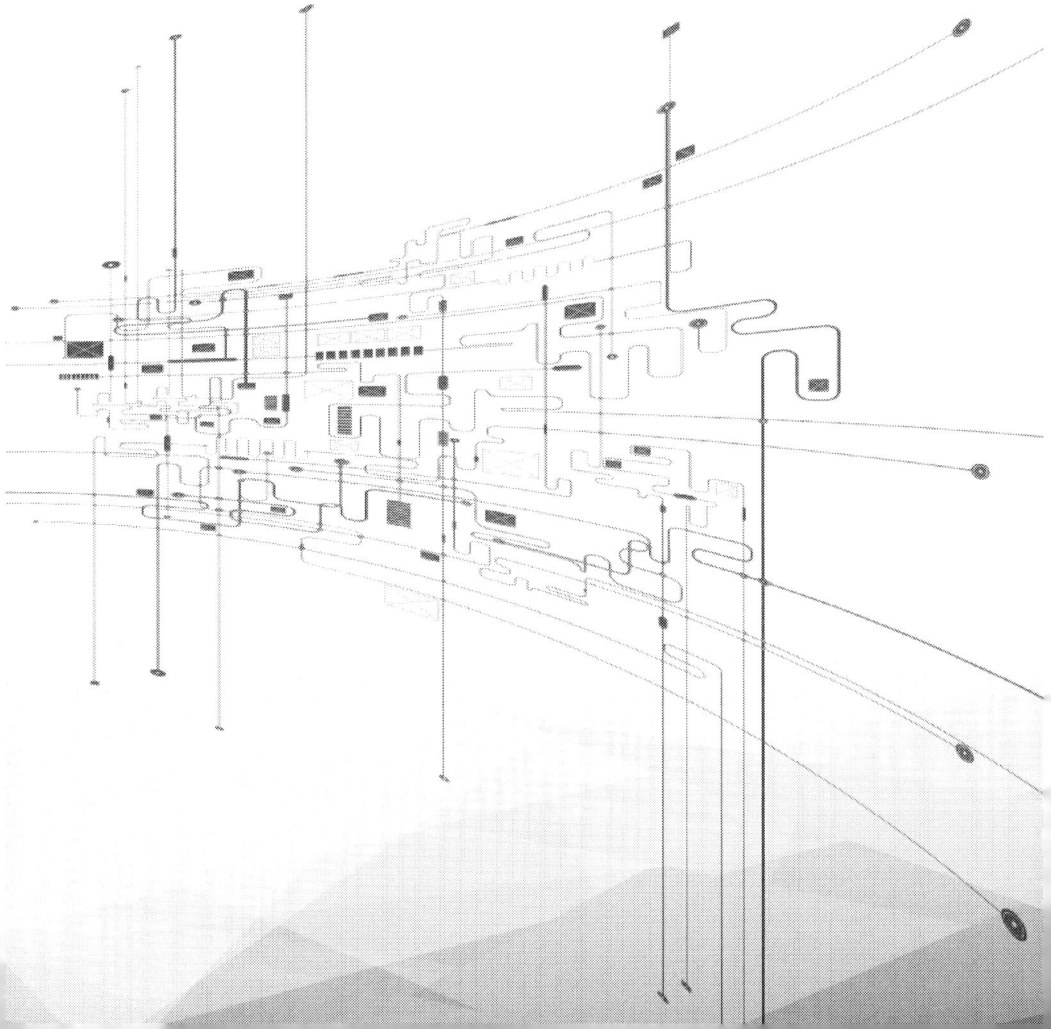

ERP 프로젝트의 컨설팅 용역비에 대한 사항 외에 또 다른 중요한 비용적 변수가 라이선스 문제이다. 하지만 많은 사람들이 잘 모르는 것이 라이선스 비용 체계이며, 용역비는 당연히 지출해야 하는 비용이라고 일반적으로 생각하지만, 라이선스 비용은 무형의 비용이다 보니 상당히 생소하게 생각하는 사람도 있다. 하지만 외산 ERP Solution 공급사의 주된 매출원이 라이선스 매출이다.

그럼 이번에는 프로젝트 관련 비용 중에서 ERP Solution License비용에 대해 살펴본다.

라이선스 비용이란 ERP를 구축하고자 하는 회사가 ERP를 공급하는 ERP 벤더사에게 지불하는 사용권이라고 보면 되는데, 가장 일반적인 라이선스 금액은 사용자 수로 계산한다. 즉 해당 ERP Solution을 몇 명의 사용자(user)가 사용하고 어떠한 Data base를 사용하느냐에 따라 고객사가 소프트웨어 공급자에게 지불해야 하는 비용이 산정된다.

여기에서는 SAP나 오라클이 1개 유저당 List Price가 얼마이고, 어떠한 할인정책을 사용하는지를 구체적인 금액으로 이야기하지는 않겠다. 하지만 ERP를 구축할 때 소요되는 비용 중에 컨설팅 용역비, HW비용 외에 간과하지 말아야 할 중요한 것이 라이선스 비용이다.

그리고 모든 ERP 벤더(vendor)의 라이선스 금액이 항상 사용자 수에 의해 계산되는 것은 아니다.

Extended ERP의 라이선스는 사용자 수가 아닌 CPU 개수, 해당 ERP를 구축하고자 하는 회사의 매출금액, 타 시스템 인터페이스

대상 여부 등으로 ERP 라이선스 금액이 결정되는 사례도 있다.

아무튼 ERP의 라이선스 금액도 기업이나 개인이 구매하는 범용 소프트웨어인 MS Office나 Window 등의 S/W 구입비용과 같이 생각하면 되며, 오라클이나 SAP와 같은 외산 ERP Solution 벤더들의 수 수입원은 해낭 패키지 라이선스 매출이나. 해당 ERP 벤더는 이러한 라이선스 매출을 통해 수익을 발생시키고, 이를 다시 R&D에 투자하여 더 좋은 기능을 탑재하기 위한 연구를 지속하게 된다. 이러한 투자를 통해 ERP는 IT 기술의 발전방향과 같은 방향으로 고객에게 더 좋은 경영도구로 다가가게 된다.

ERP 구축을 위해 고려해야 하는 여러 비용 중 라이선스 구매 비용이 차지하는 중요성에도 불구하고 고객사 입장에서 가장 알기 어려운 것이 ERP의 라이선스 비용 구조이다.

라이선스 구조를 좀더 이해하기 쉽도록 설명하기 위해 두 가지로 구분해서 설명하겠다.

첫째로, ERP 벤더사들이 고객에게 라이선스를 판매할 때의 해당 ERP 기능별 혹은 User ID의 특성별로 어떻게 라이선스가 결정되는지에 대해 알아본다.

둘째로, 라이선스를 판매하는 ERP 업체들의 영업 구조를 살펴봄으로써 어떻게 라이선스가 공급되고, 어떻게 해야 더 경쟁력 있는 가격에 라이선스를 구매할 수 있는지에 대해 알아본다.

1. ERP의 기능별 라이선스

ERP 기능별 라이선스는 현재 다음과 같이 결정되어 있다. 참고로 외산 ERP 중에서 현재 시장에서 가장 많이 구축되어 사용되고 있는 SAP ERP를 기준으로 설명한다.

일반적으로 SAP ERP를 구축하고자 할 때 가장 많이 사용하는 업무기능(즉 모듈)은 FI(재무회계), CO(관리회계), SD(영업관리), MM(구매관리), PP(생산관리) 모듈이다. 제조업 기준으로 이렇게 5개 모듈이 기본 모듈이라고 생각하면 된다. 만약 어떤 회사에서 위 5개 모듈을 구축하고자 하는데, 해당 모듈별 실제 구성된 조직구조와 조직별 인원을 고려하여 총 몇 개의 User ID가 필요한지를 산정한다.

SAP ERP 라이선스를 구매한다고 가정하였을 때, 필요한 User ID는 다음과 같이 구성된다.

① **개발용 User ID**: SAP ERP에서 개발이 필요한 경우는 4GL 언어이자 SAP 개발 전용 언어인 ABAP 언어를 사용하게 된다. 이러한 SAP 내의 개발용 권한을 가진 ID로 반드시 구매해야 한다. List Price가 가장 고가이다.

② **Professional User ID:** SAP ERP의 사용자 User ID이다. 라이선스 유저 산정을 할 때 가장 큰 비중을 차지하는 User ID이며, 반드시 필수로 구매해야 하는 User ID이다. 사용자의 모든 권한을 가지고 있는 ID로, 실제 사용 시 권한 설정을 통해 필요 기능만 사용하도록 구성하여 실제 사용자가 로그인하여 사용하게 된다.

③ **Limited Professional User ID:** Professional User ID보다 권한이 일부 제한된 사용자 ID이다. Professional User ID보다 가격이 저렴하다. Limited Professional User ID의 사용 목적은 어떤 회사에서 특정 SAP의 기능을 조회용으로만 사용하고자 할 때, 모든 권한을 가지고 있는 Professional User ID를 구매하는 경우 가격이 높기 때문에 Limited Professional User ID를 별도로 일부 구매한다. 참고로 SAP Global 정책상 Limited Professional User ID는 Professional User ID의 일정 비율 이내로만 구매가 가능하다.

④ **Payroll Engine:** 보통 500레코드 단위로 가격이 결정되어 판매된다. SAP HR모듈을 사용하는 경우 구매해야 한다. 예를 들어 어떤 회사의 종업원 수가 1,020명이라고 가정할 경우 Payroll Master는 3개를 구매해야 한다. 즉 500레코드는 500명을 의미한다고 이해하면 편하며, 500레코드 단위로 구매정책이 되어 있으므로 3개의 레코드, 즉 1,500명분을 구매해야 1020명에 대한 HR payroll 사용이 가능하다는 의미이다.

⑤ **ESS ID**: HR과 관련이 있는 ID이며, Employee Self Service의 약자이다. 보통 SAP HR을 구축하는 경우 종업원들은 본인의 급여, 근태 등을 SAP에서 확인할 수도 있으나 별도 웹 화면 등에서 조회할 수 있게 구축하게 된다. 이러한 목적의 ID이다.

⑥ **기타 ID**: EP(Enterprise Portal ID), Employee ID 등이 존재하며, SAP 라이선스를 구매할 때 필수적으로 구매해야 하는 ID는 개발용 ID, Professional ID가 해당되며 기타 모듈을 사용할 경우 HR처럼 추가 구매해야 하는 ID가 있다.

⑦ **Runtime DB 라이선스**: 구축되는 SAP가 운용되는 Database에 대한 라이선스이다. 만약 오라클 DB를 사용하는 경우 위의 ID 전체 금액의 몇 %로 DB 라이선스가 책정된다. 물론 DB의 종류마다 금액이 상이하다. 하지만 현재 SAP는 HANA DB를 자체 출시하면서 신규 구축 희망고객에게는 가급적 HANA DB를 제안하고 추천하는 추세로 변경 중이다. 아마도 아주 가까운 시일 안에 신규 고객은 필수로 HANA DB만을 제안하는 것으로 더 강하게 바뀌게 될 것이다.

⑧ **MA**(연간유지보수비용): MA는 위의 1번부터 7번 항목까지의 전체 구매 금액의 몇 퍼센트로 금액이 책정된다. 현재는 1번에서 7번 항목의 전체 구매액의 22%가 MA금액으로 계산되고 있다. 반드시 함께 구매되어야 한다. 이것도 HANA 버전으로 변경되면서 MA 비율도 급격하게 변경되고 있다.

⑨ **User 수가 아닌 기타 라이선스**: 만약 위의 기본 라이선스 외에 확장 ERP나 기타 기능(예를 들어 SCM, SRM, WPB, EAI, TR)을 구매하거나 산업용 SAP 솔루션(예를 들어 IS-Banking, IS-Oil, IS-Retail, IS-AFS)과 같이 특정 산업군에만 존재하는 추가적인 기능이 SAP Standard로 탑재되어 있는 소위 SAP 산업용 솔루션을 구매할 때 추가적으로 구매해야 하는 라이선스도 존재한다. SAP 산업용 솔루션과 SAP 기본 솔루션과의 기능적인 차이는 별도로 설명하겠다.

위와 같이 매우 다양한 라이선스를 구성하는 항목이 존재한다. 위의 차이 정도만 이해하고 있다면 SAP ERP 라이선스 구매 시 구매자 입장에서는 꽤 도움이 될 것이다.

위의 라이선스 가격 스키마에서 SAP는 고객의 규모에 따라 추가적인 할인 정책을 유지하고 있다. SAP의 영업조직은 우리나라 10대 그룹에 속하는 대형기업군에는 별도의 전담 영업인력이 구성되어 있는데, 삼성그룹의 경우는 상상을 초월할 정도의 SAP 라이선스 구매가 지속적으로 이루어지고 있다. 이러한 대형 고객만을 위해 전담 지원을 담당하는 영업조직도 존재하지만, SAP를 사용하는 산업군별로 전담하는 영업조직도 함께 존재한다.

예를 들어 어떤 고객이 속한 산업군이 소비재 산업, 제약산업, 통신산업, 금융산업 등등 프로세스 자체가 산업군의 특이성을 가지고 있는 경우가 있는데, 이러한 고객에게 좀 더 밀도 있는 서비스를 제안하기 위한 영업조직이 구성되어 있다. 영업조직은 SAP사의 내부 결정에 의해 계속 변동되므로 반드시 위와 같이 구성되어서 변하지 않는 것은 아니다.

지금까지 라이선스 구매 시 User ID별 특징이나 라이선스 종류에 대해서 설명하였는데, 아무튼 라이선스 구매액 결정 방법은 Solution Vendor의 영업정책이나 고객사의 특징에 따라 달라질 수 있다.

2. 유통 구조

 이번에는 라이선스가 SAP나 Oracle Solution Vendor사들이 고객에게 공급하는 유통 구조를 한번 알아본다.

 ERP 라이선스가 실제적으로 고객사에게 공급되는 유통 형식도 SAP나 오라클사에게 직접 구매할 때와 유통을 담당하는 소위 '채널 파트너사를 통해 구매하는 경우에 따라 구매 구조가 약간씩 다를 수가 있다.

 SAP나 오라클사와 같은 Solution Vendor사들이 직접 해당 고객사를 영업하여 직접 공급할 수도 있으나, 파트너사들을 통하여 라이선스를 공급할 수도 있다. 즉 수많은 고객들에 대해 모두 Solution Vendor가 직접 영업하기에는 많은 에너지가 필요할 수 있으므로 해당 Solution Vendor들과 파트너 관계에 있는 컨설팅 회사를 통해서도 구축 용역 서비스와 함께 라이선스를 공급하기도 한다.

 SAP ERP가 현재 기업용 어플리케이션 시장에서 가장 성공적으로 점유율이 높은 이유가 SAP는 라이선스를 공급하고, 구축은 전문 컨설팅 펌이 진행하도록 구조를 만든 것에서도 상당히 기인한다. 만약 SAP사가 구축 시장까지 본인들이 직접 소유하겠다고 시장정책을 가지고 갔더라면 아무리 SAP의 기능이 우수하다고 하여도 현재와 같은 SAP사의 시장점유율은 기대하기 어려웠을 것이다. 즉 SAP사와 구축 전문 컨설팅 펌과의 관계는 매우 밀접하다고 할 수 있는데, SAP사의 라이선스 영업도 구축 컨설팅 펌과 상당한 밀접한 관계가 있다.

구축 컨설팅 펌과의 관계를 바탕으로 SAP사가 라이선스를 공급하는 영업 유형은 크게 Direct와 Indirect로 구분된다. 즉 Direct는 Solution Vendor사가 직접 라이선스를 해당 고객에게 공급하는 방식을 의미하며, 보통 매출액이 큰 대기업들이 ERP를 추진하고자 할때 이러한 라이선스 공급방식이 사용된다. 이에 비해 특정 매출액 이하의 중견기업은 ERP 구축 파트너사를 통하여 라이선스와 구축 컨설팅 금액이 함께 제안되어 라이선스가 공급되는 Indirect 방식이 쓰인다.

Indirect 방식을 사용하기 위해 SAP 같은 경우에는 ERP 구축 파트너의 품질 관리를 통하여 밀도 있는 파트너 관리를 수행한다. 따라서 이러한 파트너 관리를 전담하는 채널 조직이 존재하고, 각종 SAP ERP 정보나 세미나, 교육 등의 자료를 구축하여 파트너사와 공유하며 영업이 진행된다.

Indirect 영업은 SAP의 영업조직과 해당 파트너사의 영업조직이 함께 공조를 하게 되며, 보통의 경우 고객사에서 SAP에게 문의를 해 오면 SAP의 영업 담당자와 파트너사의 영업담당자가 함께 고객사를 방문하게 된다.

파트너사는 궁극적으로 해당 고객사의 ERP 구축 시 나오는 컨설팅 용역비를 주요 매출원으로 삼게 되지만, Indirect영업의 대고객 서비스를 일정 수준 이상으로 유지하기 위해 ERP 라이선스를 공급하게 되는 SAP 파트너사에게 SAP에서는 라이선스 매출의 일부 마진을 Indirect 파트너사가 가지고 갈 수 있는 일종의 인센티브 제도를 수행한다.

그리고 Indirect방식으로 고객사에게 라이선스를 판 파트너들의 레벨을 상, 중, 하로 구분하여 약간의 차별적인 인센티브를 수여하게 된다.

그렇다면 차별적인 인센티브란 무엇인가?

이 부분은 ERP 구축을 고려하는 고객사에게도 영향을 주기 때문에 간단한 설명을 덧붙이겠다.

마치 하드웨어 공급 업체가 해당 파트너사를 통하여 하드웨어를 고객사에게 공급하는 것과 같이 Oracle이나 SAP 등의 업체도 파트너사들을 통하여 고객 서비스를 하게 된다. 하지만 하드웨어와는 다르게 ERP는 구축을 위한 컨설팅 행위가 반드시 필요하고, 이러한 컨설팅 행위를 수행하는 컨설팅 회사가 파트너사가 된다. 컨설팅 회사는 고객들이 ERP 구축을 희망하게 되면 고객사를 방문하여 각종 프로모션 행위를 하게 된다. 고객사는 본인들이 희망하는 ERP를 구축하기 위해 컨설팅 회사에게 제안요청서(RFP : Request for Proposal)을 보내게 되고, 이 RFP의 요구사항에 맞추어 해당 컨설팅 회사는 제안서를 작성하게 된다. 제안서와 함께 요청되는 것이 가격 정보인데, 해당 고객사에 ERP를 구축하는 데 얼마의 금액으로 해 주겠다는 가격정보를 밀봉하여 고객사에게 제안서와 함께 제출하는 것이 일반적이다. 이 가격 제안에 포함되는 것으로 구축 컨설팅 비용도 있지만, 또 하나가 라이선스 비용이다. 참고로 SAP나 Oracle의 공식 파트너사로 라이선스 공급 reseller 협약이 체결되어 있는 컨설팅 회사만이 SAP나 오라클 대신 라이선스 금액을 고객에게 제시할 수 있다. 즉 라이선스 금액을 고객사에게 직접 제시 할 수 있는 수준의 컨설팅 회사라면 Solution Vendor들에게 어느 정도는 인정을 받은 큰 컨설팅 회사라고 봐도 된다.

하여튼 이렇게 컨설팅 회사가 고객사에게 라이선스 가격을 제안하기 위해서는 컨설팅 회사에서도 SAP나 Oracle과 같은 Solution Vendor들에게서 라이선스 견적금액을 받아야만 한다. Solution Vendor들에게서 받은 라이선스 견적을 바탕으로 해당 컨설팅 회사는 일정 부분의 마진을 포함하여 고객사에게 라이선스 금액도 제안하게 된다.

이러한 유형에 속하는 것이 바로 Indirect 영업 방식이고, 위에서도 언급했듯이 우리나라에서 매출 몇 천억 이하의 회사는 중견기업으로 간주되어 SAP와 같은 Vendor사가 직접 라이선스 금액을 고객사에게 견적하지 않고 구축 파트너사를 통하여 라이선스 금액이 고객사에게 견적되도록 정책을 유지하고 있다.

또한 고객사에게 라이선스 가격을 견적하는 ERP 구축 컨설팅 회사별로 SAP로부터 받는 라이선스 금액이 상이하다. 즉 대 고객 라이선스 판매가 많은 컨설팅 파트너사에게는 SAP사에게 좀더 많은 할인율로 라이선스를 공급하고, 이에 따라 구축 파트너사는 고객에게 좀더 저렴한 가격의 라이선스 금액을 경쟁 컨설팅 파트너보다 경쟁력 있게 고객에게 제안할 수 있다. 따라서 구축 파트너사 입장에서 본다면 SAP로부터 얼마나 할인된 가격에 라이선스를 받느냐에 따라 타 컨설팅 회사 대비 고객사에게 공급할 수 있는 금액에 경쟁력이 생기게 된다.

현재 채널 파트너사는 3가지 레벨의 파트너 등급이 존재한다.

우선 구축 품질이나 라이선스 매출 실적이 가장 높은 파트너사는 골드 파트너라고 부른다. 그 다음은 실버 파트너, 그 다음은 브론즈 파트너(다른 용어로 Association 파트너라고도 함)로 등급이 정의 되어 있다.

골드파트너는 수많은 ERP 구축 파트너 중에 몇 개 안 되며, 이 업체가 현재 ERP 시장에서 품질 면에서 가장 우수하다고 간주할 수 있다. 따라서 라이선스 구매 시 금액을 절약하기 위해서는 시장에서 골드 파트너인 업체를 통하여 구매하는 것이 효율적이다.

정리하면 이것이 Indirect 라이선스 영업방식이며, Solution Vendor와 채널 파트너사와의 협업 방식이다.

그렇다면 모든 컨설팅 회사가 Solution Vendor와 채널 파트너 협약이 되어 있을까? 그건 아니다. 파트너 유형도 채널 파트너, 서비스 파트너로 구분되어 있다.

채널 파트너가 현재까지 설명한 라이선스, 컨설팅을 함께 하는 파트너 유형이라면, 서비스 파트너는 라이선스는 Solution Vendor 사들이 직접 공급하고, 구축 컨설팅 서비스만 맡는 파트너사이다. 서비스 파트너사는 상당히 큰 고객사의 컨설팅을 맡게 된다. 즉 외국계 회계법인이나 전략컨설팅 펌 등이 서비스 파트너군을 이루고 있다.

채널 파트너는 라이선스와 구축 서비스를 모두 공급하되, 우리나라 중견기업 대상을 주요 타깃으로 서비스를 제공하고, 서비스 파트너는 구축서비스와 함께 고객사의 전략컨설팅, 회계 컨설팅도 함께 공급하는 품질을 보유하며, 시장에서 매우 이름이 유명한 외국계 컨설팅 회사나 국내 대형 SI회사들이 대부분이다. 이러한 서비스 파트너사가 진행하는 프로젝트 규모는 수백억대의 규모이며, 컨설턴트의 단가는 당연히 채널 파트너사보다 고가이다.

만약 이 책을 읽고 있는 사람이 속한 회사가 매출 2천억대의 중견기업이고 IT투자 예상금액이 매출의 1%라고 가정한다면, ERP를 구축하고자 할 때의 예산은 20억 선으로 가정 할 수 있다. 이러한 금액의 ERP투자에 대해서 대형 외국계 펌의 단가로는 20억 미만으로 구축이 힘들 수 있다. 이러한 고객군은 아마도 채널 파트너사를 통해 라이선스와 구축 서비스를 진행하게 될 가능성이 매우 높다.

참고로 채널 파트너사의 컨설턴트가 다국적 외국계 컨설팅 펌의 컨설턴트보다 역량이 절대 떨어지지는 않는다. 이제 우리나라의 ERP경력도 삼성전자의 1990년대 초반 첫 프로젝트 이후 20~ 30년 이상 지나 오고 있고, 시장에는 매우 우수한 컨설턴트들이 채널 파트너사나 서비스 파트너사에 많이 포진되어 있다.

3. 기타 비용

지금까지 복잡하지만 라이선스 유형별 구조와 유통 구조에 대하여 알아보았다. ERP를 구축하고자할 때 라이선스 외에 또 하나 고려해야 할 요소가 있다. 이는 HW 부분이다. .

HW 부분은 한마디로 이야기하면 고객사가 직접 구매를 하던, 구축 파트너사를 통하여 일괄 공급을 받던 하기 나름이다.

고객사의 입장에서 HW 구매와 관련해 가장 좋은 방법은 구축 컨설팅 회사로부터 가격 제안을 받을 때 HW 구성도 및 사양 정보와 함께 가격 정보도 함께 받은 후 컨설팅 회사로부터 받은 HW 구성도나 사양 정보를 바탕으로 고객사에서도 직접 HW 가격을 알아보고 더 저렴한 곳에서 구매하는 것이 좋다.

라이선스 관련 이야기를 하고 있는데, 본 장에서 MA(연간유지보수금액)에 대한 이야기가 초반에 잠깐 나왔었다. MA도 구축 관련 비용을 산정할 때 필수적으로 고려해야 하는 중요한 요소이다.

어떤 업체가 ERP를 구축하기 위해 채널 파트너사를 통해 라이선스를 구매하기로 최종 결정하였고, ERP 구축 업체도 선정하여 구축 프로젝트가 시작되었다. 이제 오픈 시점까지 열심히 해당 업체의 현업과 컨설팅 펌의 컨설턴트가 함께 프로젝트만 진행하면 더 이상의 라이선스 관련 비용은 없는 것일까?

한 가지 라이선스 관련 비용이 더 있는데, 이것이 MA(연간유지보수 비용)이라고 부르는 중요한 비용이다.

MA는 한마디로 라이선스를 구매한 고객사가 라이선스 구매 비용의 몇%를 1년에 한 번씩(보통 1월에 청구됨) ERP 라이선스 공급사에게 지불하는 금액이며, ERP 라이선스 공급사는 해당 고객에게 ERP 기능이 개선되거나 고객사에서 ERP 관련 질의가 있는 경우 해결책을 제시해 주는 서비스를 진행하게 된다. 대표적으로 HR 모듈을 사용하는 회사는 연말정산 시 정부의 연말정산 규정이 변경되면 이에 대해 ERP 모듈 중 HR과 관련된 연말정산 변경 기능을 추가적으로 반영해 주어야 한다. ERP 공급사에서는 연말정산 변경 기능을 해당 고객사에게 반영해 주는 서비스를 진행하게 되는데, 이러한 각종 ERP 라이선스 공급사의 라이선스 구매 후 추가 서비스를 위해 MA라는 유지보수비용 계약을 맺고, 소위 사후 서비스를 지속하게 된다.

참고로 고객사가 MA 계약을 맺지 않겠다고 할 수는 없으며, 라이선스 구매 시 MA 비용이 얼마인지도 라이선스 견적과 함께 고객사에게 전달된다. 현재 SAP사의 MA 비용은 라이선스 구매 비용의 22% 수준이나 향후 SAP사의 정책에 의해 변경될 수도 있다.

보통의 회사들이 ERP 구축을 고민하고 이에 대한 예산을 책정할 때 간혹 누락하는 비용이 MA 비용이다. 하지만 구축 후 지속적인 서비스를 ERP 공급사로부터 받기 위해서는 MA 비용도 반드시 예산 책정 시 고려해야 한다. 라이선스 구매 비용의 22%를 ERP를 사용하는 한 매년 지불해야 하는 큰 금액이므로 간과해서는 안되는 예산 산정 비용이다.

MA의 청구는 ERP사가 매년 1월에 해당 고객사에게 청구하게 되는데, 그렇다면 어떤 회사가 ERP 라이선스를 만약 6월에 구매하였다면 첫번째 MA 비용은 언제 발생하게 될까?

6월에 구매한 해당연도의 다음년도 1월 부터일까?

아니다. 만약 6월에 구매하였다면 7월부터 해당 연도의 남은 월/12개월의 금액이 첫 라이선스 구매 연도에 청구되고, 다음해부터는 매년 1월에 ERP 라이선스 공급사로부터 청구된다.

MA의 계약도 라이선스 구매계약과 유사하다.

즉 만약 라이선스 구매를 채널 파트너사로부터 구매하였다면 이때 MA금액도 해당 채널 파트너사로부터 함께 구매하게 되며 매년 청구되는 MA 비용은 ERP 공급사가 아닌 채널 파트너사가 고객사에게 청구하고, 일정 부분의 마진을 제외하고 채널파트너사는 ERP 공급사에게 다시 MA 비용을 지급하게 된다.

MA계약을 고객사와 맺은 채널파트너사는 몇가지 고객사 대상 서비스 의무를 지게 되는데, 위에서 이야기 한 각종 패치 upload에 대한 고객사 ERP시스템 반영이나 고객사의 ERP관련 질의에 대해 가장 먼저 대응하는 의무를 가지게 된다.

따라서 ERP 라이선스를 구매하고자 하는 회사는 채널 파트너사의 선택에도 신중을 기해야 한다. 왜냐하면 MA 계약 후 ERP 관련 이슈가 발생되었을 때 가장 먼저 대응 서비스를 하는 회사가 채널 파트너사이므로, 채널 파트너사가 ERP 운영 전문인력을 보유하고 있느냐의 유무를 파악해 보는 것이 중요하다. 시장에는 SAP 구축 후 운영만을 전문적으로 하는 업체도 꽤 여러 군데가 있다.

정리해서 설명하면 MA계약이 된 회사에서 만약 ERP 관련 이슈가 발생되었을 때 서비스 순서는 1차로 라이선스와 MA계약을 진행한 채널 파트너사가 이슈에 대한 해결 의무를 가지며, 만약 채널 파트너사가 해결하지 못하는 경우 ERP 공급사의 아시아 거점 본사나 R&D센터, 혹은 글로벌 본사에서 해결하는 단계를 거치게 된다.

ERP 공급사의 이러한 유지보수 서비스 조직은 전세계를 24시간 항상 커버하게 되는데, 저자 본인도 ERP사의 유지보수 조직과 공조하여 프로젝트 시 이슈를 많이 해결한 경험이 있다. 즉 저자 본인이 프로젝트를 진행할 때 컨설턴트들이 며칠간 머리를 맞대고 풀려고 해도 에러가 나는 특정 기능이 있었다. 결국 ERP본사에 online help service를 의뢰했고, 몇 시간 만에 해당 에러에 대한 대응책을 받아 처리한 경우가 꽤 여러 번 있다. 이러한 서비스가 모두 MA계약을 맺었을 때 지속적으로 받을 수 있는 사후 서비스라고 할 수 있다. 시스템이 예상치 못한 에러에 접하였을 때 상당히 위력을 발휘할 수 있는 사후 서비스나 대부분의 ERP가 운용 중인 회사의 전산인력이 이러한 서비스를 잘 활용하지 못하는 것을 많이 보아 왔다.

저자의 생각으로는 구축을 진행하는 컨설턴트는 구축뿐만 아니라 오픈 후 이슈 해결을 위해 해당 고객사의 전산인력에게 MA를 통해 받을 수 있는 서비스와 사용 방법 등도 함께 전파해 주는 것이 컨설턴트의 도리라고 생각한다. MA 비용을 지불하는 만큼 해당 고객사도 추가 서비스를 받고 있다는 것을 피부로 느끼게 해 주는 것이 필요하다는 의미이다.

하지만 MA계약이 되어 있다고 해서 ERP 오픈 후 모든 이슈를 ERP 공급사와 채널 파트너사가 해결해 주는 것은 아니다.

ERP의 Standard 기능의 이슈나 ERP 패치 upgrade 등에 대해서는 서비스가 가능하지만 해당 고객사에서 조직이 변경되어 ERP 상의 추가적인 변경이 필요하거나 특정 기능을 더 사용하려고 하거나 어떤 개발 리포트 등이 더 필요한 경우 등은 해당 고객사의 전산인력이 직접 처리해야 하며, 만약 외부 컨설팅 회사의 도움을 필요로 하는 경우 별도의 프로젝트로 진행해야 한다. 이를 해결하기 위해 별도의 ERP운영 계약을 외부 컨설팅 회사와 맺은 후 운영 서비스를 진행하는 방식을 고려할 수도 있다.

이렇게 본다면 ERP 구축 후 IT비용이 감소되기보다는 계속 지출이 발생하므로 ERP가 상당히 ROI 측면에서 고비용 시스템이라고 판단할 수도 있다.

하지만 ERP가 아닌 자체 개발 시스템에서 계속되는 기능적 개선과 투자비용을 고려하고, ERP에서 기대되는 업무 향상의 정성적, 정량적인 긍정적 영향을 5년간 ROI로 고려해 보면 도리어 자체 개발 시스템으로 진화되는 업무 프로세스의 전산 지원 수준을 따라가기 위한 유형, 무형의 지출보다는 효율적이다.

산업용 ERP 솔루션의 특징

SAP ERP 소개 자료를 본 사람들이면 SAP 모듈별 간략한 소개를 본 적이 있을 것이다. 이때 함께 소개되는 항목으로 산업별 Best Practice 솔루션에 대한 소개가 있다. 보통의 경우 ERP는 Best Practice가 함께 포함되어 있고, 해당 Best Practice는 다음과 같은 산업군별로 존재한다고 설명한다.

소비재 산업군
하이테크 산업군
제약 산업군
금속·제지 산업군
서비스 산업군
화학 산업군
금융 산업군

등등.

위의 산업별 Best Practice는 특정 산업군에서 존재하는 프로세스가 ERP상에 기 탑재되어 있으므로 고객사가 속하는 산업군별로 좀더 Standard상에서 이용할 수 있는 프로세스가 안정적으로 존재한다고 이해할 수 있다.
이를 다른 말로 이야기하면 다음과 같은 산업별 기능이 탑재된 솔루션으로 구분된다고 이해해도 된다.

SAP for Retail

SAP for AFS(Apparel & Footwear Solution)

SAP for Consumer Product

SAP for Automotive

SAP for Banking

SAP for Aerospace & Defense

SAP for Public Sector

SAP for Financial Service Provider

등등 꽤 많은 산업별로 솔루션이 구성되어 있다.

그렇다면 산업별 솔루션은 SAP 기본솔루션과 무엇이 다른 것일까? 위 산업별 솔루션 중에 저자가 프로젝트 수행 시 경험했던 산업별 솔루션을 기준으로 설명해 보도록 한다.

예를 들어 어떤 패션회사가 있다고 가정한다.

이 회사는 직영매장과 대리점을 보유하고 있다. 참고로 회계적으로 보았을 때 물류센터에서 직영매장으로 이동되는 재고자산은 매출이 아니라 Stock Transfer의 한 종류일 뿐이며, 직영매장에서 실제 고객이 해당 제품을 구매할 때가 실제 매출 발생 시점이다. 대리점의 경우는 물류센터에서 대리점으로 재고자산이 이동될 때가 해당 패션회사 입장에서는 매출이다. 따라서 ERP상의 영업물류 모듈과 회계모듈, 원가모듈에서는 직영매장과 대리점으로의 재고자산 이동 시 회계적으로 부합되도록 시스템을 구축하게 된다.

이러한 물류와 회계가 함께 발생하는 기능은 SAP 기본 기능으로 모두 구축 가능하다.

그런데 만약 직영매장에서 고객이 해당 패션회사의 옷과 장신구를 구매하는데, 매장에 설치되어 있는 POS(Point of Sales)에서 매출이 발생된다면 어떻게 ERP와 POS의 상거래를 적용시킬 수 있을까?

또한 만약 해당 패션회사가 보유하고 있는 직영매장과 대리점이 1천 개라고 가정하고, 물류센터에서 각각의 매장으로 물건을 배송해야 하는 제품이 컬러, 사이즈별로 구분되어 한 번 배송할 때마다 수많은 매장으로 그 수많은 제품종류별로 어떻게 재고자산을 효율적으로 할당을 할까?

물론 SAP 기본 기능을 통해서도 구현이 가능하다.

하지만 실무 담당자는 SAP상에 수기로 매우 많은 제품을 매우 많은 매장(SAP적으로는 Plant로 정의된다)으로 구분하여 제품이 이동되도록 할당작업을 해야 할 것이다.

이러한 Retail 산업군에서 빈번하게 발생되는 프로세스를 좀더 고려하여 설계된 것이 산업별 솔루션이며, 현재 사례에서 구현된 것이 SAP for Retail 솔루션이다.

SAP for Retail 솔루션에서는 위의 두 가지 사례를 다음과 같이 처리하는 기능이 standard에 기본 탑재되어 있다.

우선 POS 연동을 위한 기본 기능이 존재하며, 만약 고객이 매장에서 스타일이 완전히 상이한 옷 2벌과 지갑 하나를 해당 패션회사의 상품권과 현금, 그리고 나머지 금액을 신용카드로 계산하는 복잡한 경우라고 해도 POS에서 매장 직원이 고객의 구매 상품에 대한 결제를 발생시킬 때 SAP상에서는 실시간으로 'Sales Order

-> 출고 -> Billing -> 수납'의 프로세스가 일괄적으로 자동 발생 된다. Retail 솔루션이 아닌 SAP 기본 솔루션이라면 위 프로세스를 모두 각각 누군가가 발생시키거나 개발을 통해 자동화해 주어야 했을 것이다.

또한 물류센터 직원이 천 개의 매장별로 상품을 할당하고 배송할 때도 Auto Allocation이란 기능이 있어서 천 개의 매장별로 원하는 제상품을 일괄 할당할 수 있는 기능이 있다. 만약 SAP 기본 솔루션이라면 이 프로세스도 하나씩 할당 처리를 누군가가 하거나 대량 할당이 되도록 개발을 했어야 할 것이다.

SAP for AFS 솔루션도 패션 의류 회사의 프로세스를 탑재하고 있다. 보통의 제조회사라면 하나의 제품이 생산되면 그 제품이 하나의 Material Master가 된다. 하지만 패션 의류 회사의 경우 매 시즌마다 하나의 코트라고 해도 각각의 사이즈별, 컬러별로 수많은 Material Master가 존재해야 하고, 이러한 사이즈별, 컬러별로 생산 된 코트가 동일 코트라는 연결을 해 주어야 할 것이다. 이러한 사이즈, 컬러별로 상이한 동일 유형의 제품을 하나의 Material Master로 관리할 수 있게 해주는 기능이 탑재되어 있는 것이 SAP for AFS 솔루션이다.

마찬가지로 SAP for Oil 솔루션은 정유회사의 정제 프로세스나 원유의 배송이 소위 '항차' 관리나 유조선이 입항하게 되면 거대한 유조선의 탱크에 실어온 원유를 다시 나누어 싣거나 파이프 라인으로 배송을 해야 하며, 이때의 액체 원재료를 장치를 통과하면서 벙커씨유나 등유, 경유, 슬러지(아스팔트 원재료) 등으로 정제할 때까지의 일련의 정유업계의 특이한 프로세스를 탑재하고 있는 것이 SAP for Oil 솔루션이다. SAP 기본 솔루션이 일반 전자제품 제조에 최적화 되어 있으므로, 정유사의 특이 프로세스를 위해 별도 솔루션이 존재하는 것이다.

저자의 경험으로 볼 때 이러한 SAP for XX 솔루션이 일반 SAP 기본 솔루션 대비 구축 Needs가 많지는 않다. 하지만 ERP를 사용하고자 하는 특정 산업군 소속의 고객 입장에서는 당연히 먼저 고려하는 산업별 솔루션임에는 틀림없다.

또한 이러한 산업별 솔루션을 구축하고자 할 때는 이와 동일한 솔루션을 경험한 컨설턴트를 사용하는 것도 중요하다. 저자 개인적으로 볼 때 컨설턴트가 모든 ERP 기능을 완벽하게 모두 숙지하기는 어렵다. 비록 컨설턴트가 해당 산업군의 지식이 없다고 하더라도 고객의 프로젝트를 진행할 때 고객의 특정 프로세스에 대한 요구가 도출되었을 때 밤을 지새우든, 아니면 ERP 매뉴얼을 보든, 고객의 요구에 먼저 공부를 하고 해당 프로세스를 가이드해 주는 것이 컨설턴트의 당연한 도리이다. 하지만 이러한 특화된 산업군의 경험이 이미 있는 컨설턴트는 새로운 기능을 찾아보는 시간적 노력이 절약되므로 고객의 입장에서는 프로젝트 효율성 면에서 꽤 중요하다. 물론 저자 입장에서의 완벽한 컨설턴트의 1차 자질은 ERP를 많이 하는 실력보다는 '고객을 위한 인성과 태도의 성실성'이 먼저라는 것에는 변함이 없다.

참고로 산업별 솔루션을 사용하고자 하는 고객사는 위와 같은 특이 산업군의 경험이 있는 컨설턴트를 사용하기 위한 용역 단가의 증가와 사용자 수에 의거한 라이선스 외에 산업별 솔루션별로 별도 책정되어 있는 산업별 솔루션 라이선스 추가 구매를 함께 염두에 두어야 한다.

이러한 금전적 이슈 때문에 산업별 솔루션은 보통 대기업군에서 많이 고려하는 경향이 있다.

제4장

라이선스 Auditing

현제 국내에서 ERP를 사용 중인 회사는 상당히 많다. 즉 그만큼 범용적인 주전산시스템으로 가동 중이라는 의미이다.

ERP를 구축한 후 잘 사용 중인 회사가 점점 성장함에 따라 인적자원의 규모가 더 커질 수 있을 것이고, 이에 따라 ERP를 사용하는 사용자는 당연히 늘어날 수밖에 없다.

사용자가 늘어남에 따라 해당 회사의 ERP시스템 담당자(SAP적으로 보면 BASIS 담당자가 될 것이다)는 사용자 ID를 추가로 더 생성하여 새로운 사용자에게 할당해 주게 될 것이다.

이때 반드시 간과하지 말아야 할 것이, 구매한 라이선스 볼륨을 넘어서 신규 User ID를 생성하여 사용하는지의 여부가 반드시 관리되어야 한다. 이것은 일종의 라이선스 사용에 대한 정당한 지불을 통해, 정당한 계약을 완료한 후, 정당한 권리하에 구매한 User ID만큼을 정당하게 사용한다는 Compliance Rule이므로 반드시 지켜져야 한다.

ERP 공급사에서는 라이선스를 구매한 고객사가 구매한 규모에 맞게 User ID를 사용하는지를 Audit하게 되는데, 만약 Audit 시에 구매한 User ID보다 많은 ID를 사용 중인 것으로 파악되면 추가 사용이 필요한 User ID만큼을 구매할 것을 요청한다.

이러한 Audit을 피하여 User ID를 절감하여 사용할 수 있는 방법은 무엇일까?

법적인 테두리 안에서 방법은 없다. 법을 회피하여 제재를 당할 각오를 하지 않는다면 말이다.

하지만 라이선스 가격이 꽤 고가이므로 증가된 사용자만큼을 무조건 추가 구매하는 것도 ERP를 사용 중인 회사 입장에서는 상당히 부담스러울 것이다.

과연 좋은 방법이 있을까?

고려할 수 있는 방안으로는 증가된 사용자의 유형에 따라 이에 맞는 유형의 User ID만을 추가 구매하여 라이선스 추가 구매에 대한 금액적인 절감을 강구해야 한다.

라이선스 구조 부분에서 설명한 것처럼 ERP 라이선스에는 User ID 종류별로 가격 체계가 구성되어 있다. 즉 증가된 사용자의 유형에 따라 Professional User ID, Limited Professional User ID, Employee User ID, EP ID 등등을 적절하게 구매하는 것이 가장 좋은 Compliance 대책이 될 것이다. 예를 들어 조회 목적으로 User ID를 추가 구매하고자 하는데, 굳이 모든 권한을 가지는 값비싼 Professional ID를 구매하기 보다는 Limited Professional User ID를 구매하는 방안을 고려하는 것이 최선의 대응책이란 의미이다.

또 하나의 대비책으로는 ERP 영업 대표과 프로젝트 이후에도 지속적인 좋은 관계를 유지하면서 라이선스 추가 구매 이슈를 함께 풀어보는 방법도 함께 고려해야 한다.

ERP 공급업체는 라이선스만 공급받고 나면 거래가 끝나는 관계가 아니라는 것을 인지하고 계속 좋은 관계를 유지하면서 라이선스 증가 이슈에 대해 계속 교류를 하면서 ERP영업대표로부터 조언을 받는 것이 현명하다. 솔직히 아무리 업무적인 지인 관계라고 할지라도 우리나라 정서상 진심으로 서로 신뢰하는 관계라면 떡이라도 하나 더 주는 것이 인지상정이다.

그런데 이쯤에서 과연 ERP 공급사는 Audit을 어떻게 진행하는지에 대한 궁금증이 생기는 사람도 있을 것이다.

직접 방문해서 Audit을 진행하는 것일까?

무엇인가 Tool이 있어서 이를 통해 원격으로 Audit을 진행하는 것일까?

두 가지 모두 Audit을 진행하는 방법이다.

Audit 수행 방법을 이해하기 위해서는 Solution Manager라는 것에 대한 이해가 필요하다.

SAP ERP를 사용하는 경우 Solution Manager라는 툴을 필수적으로 설치해야 한다. Solution Manager는 상당히 많은 기능을 가지고 있다.

첫째, 프로젝트 관리 툴로 사용이 가능하다.

ERP 프로젝트 시에는 Solution Manager를 이용해서 프로젝트 진도 관리와 진도별 산출물 관리, 시스템 Configuration 관리 등등 전반적인 프로젝트관리 툴로 활용할 수도 있다.

즉 프로젝트 시에 함께 프로젝트를 진행한 컨설턴트가 작성한 자료나 PI멤버로 참여한 해당 회사의 인력이 작성한 자료 또는 개발인력이 작성한 자료 등등을 일반 프로젝트 산출물 관리를 통해서는 별도 프로젝트 파일서버 등에 저장하는 방법을 사용한다. 그런데 Solution Manager를 활용하는 경우 모든 프로젝트 진행 정보가 Solution Manager상에서 프로젝트 초기부터 완료까지 저장되게 된다. 향후 이를 활용할 수 있고, 해당 회사에 구축된 ERP

관련 지적재산을 완벽하게 관리할 수 있다. 현재 SAP ERP의 경우 Solution Manager를 통해 프로젝트 관리를 하는 것을 강력하게 추천하는 추세로 변하고 있다.

Solution Manager의 두 번째 기능으로는 SAP 관련 패치나 에러에 대한 원격 서비스 통로로 활용된다. 현재 Solution Manager의 가장 빈번한 사용 목적일 듯하다. 예를 들어 ERP 서버를 구매하고 ERP Application을 설치할 때 SAP ERP 본사에서는 설치용 CD와 각종 매뉴얼을 송부하게 된다. 하지만 이와 함께 Solution Manager를 통해 ERP 설치를 위한 각종 Access Key 등을 원격으로 받아 설치를 진행한다. 프로젝트 진행 중이나 구축 후 운용 중에 특정 이슈가 발생되었을 때 해당 ERP 사용 회사는 SAP사에게 해당 이슈에 대한 질의 등을 하고 해결책을 받게 되는데, 이러한 작업이 Solution Manager를 통해 이루어진다. 저자가 예전에 IFRS 관련 프로젝트를 진행할 때 New GL 관련 이슈가 발생되었다. 한시가 급하게 해결해야 하는데, 모든 컨설턴트가 아무리 해결책을 찾아도 도저히 방법이 없었다. 이에 따라 SAP사에 Priority 'very high'로 해당 이슈에 대한 질의를 OSS(On-Line Service System의 약자로 SAP 관련 이슈에 대해 질의를 하면 24시간 지원서비스를 담당하는 SAP사의 조직에서 대응을 해준다. 또한 본인이 해결하고자 하는 이슈와 유사한 이슈를 방대한 OSS Notes를 먼저 살펴보고 전 세계 타사에서 유사하게 발생된 동일 이슈를 찾아 그때의 해결책을 참고 할 수도 있다. 컨설턴트나 ERP 담당자 입장에서 OSS는 이슈 발생 시 필수적으로 사용하는 방법을 알아야 한다)를 통해 질의를 하였고, SAP Global Help Desk에서는 직접 우리 회사의 ERP 시스템에 Access하여 해당 이슈의 발생 원인을 원격으로 진단하고 이슈 원인을 발견하여 바로 해결해 주었다. 이때 SAP Global Help Desk에서 원격으로 Access할 때의 통로가 Solution Manager이다.

이 밖에도 Solution Manager의 여러 기능이 있는데, 그 마지막 기능이 Audit 기능이다. 위에 설명한 것처럼 ERP 공급사에서 원격으로 해당 고객사의 SAP Server를 Access할 수 있다는 것은 해당 고객사의 ERP시스템의 현재 상황도 파악할 수 있다는 의미이다.

이렇듯 ERP의 효용 가치를 활용하기 위해 정당하게 라이선스를 구매하고, 현재 잘 사용하고 있다면 추가적으로 증가되는 User ID에 대한 구매도 정당하게 이루어져야 한다.

라이선스 Audit에 대해서는 이 책에서 회피 방법을 설명하지는 않는다. 이것은 소위 불법이기 때문이다.

단, 라이선스를 구매할 때 정말 필요한 만큼 효율적으로 구매해야 하고, 추가 라이선스가 필요할 때 당연히 정당하게 구매해야 하며, 이러한 정당한 관계를 통해 ERP를 사용하는 회사는 정당하게 ERP 공급사에게 추가적인 서비스를 요구할 수 있는 선순환 구조가 도리어 라이선스 구매 비용을 절감할 수 있는 현실적인 대비책이라는 것을 강조하고 싶다.

ERP 컨설팅 분야에 취업하기

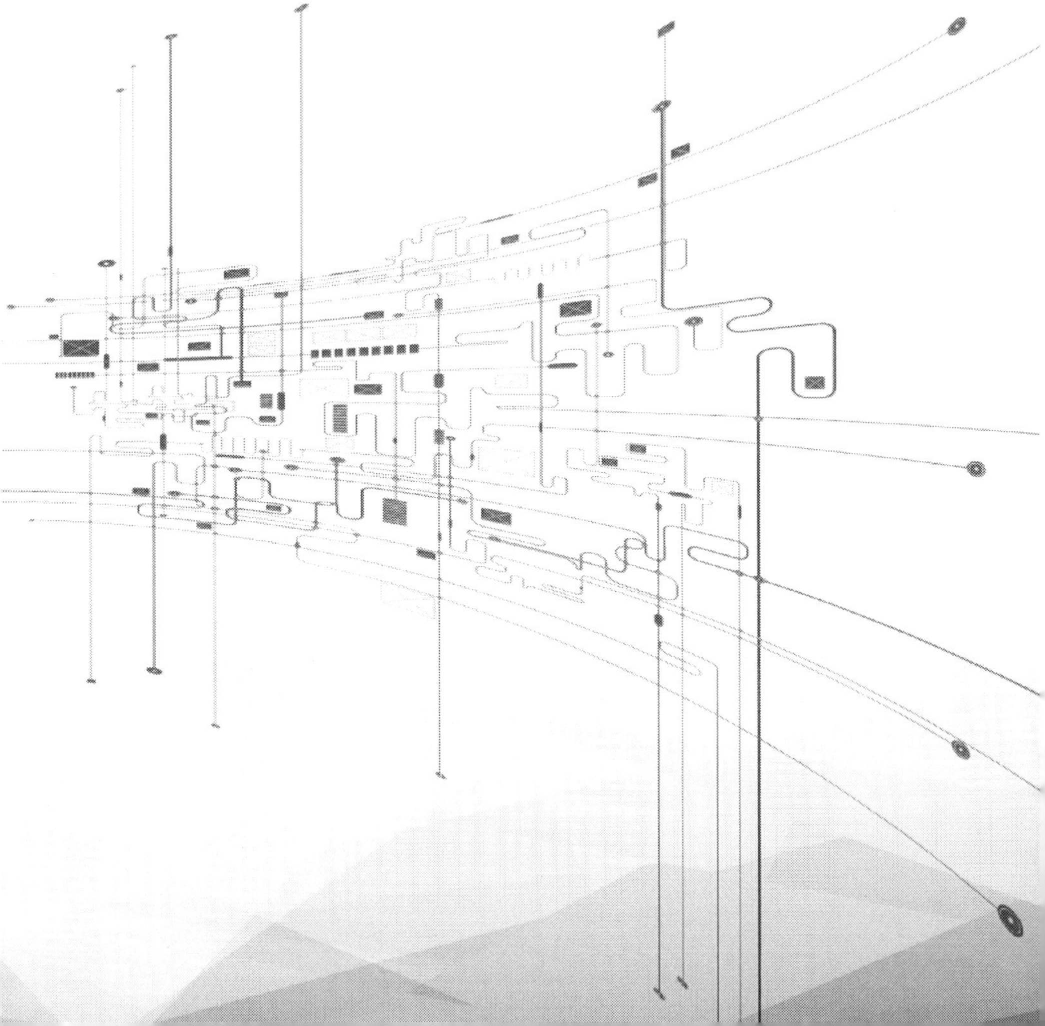

요즘엔 대학에도 ERP 관련 학과가 있어서 ERP 분야에 관심 있는 많은 학생들이 학교에서도 공부를 하고 있다. 이는 저자도 요즘에 피부로 느끼고 있는데, 예전에는 기업체 대상 ERP 강의나 경영혁신 강의 요청이 주를 이루었으나 요즘에는 대학에서 ERP 관련 강의 요청도 꽤 많이 들어온다.

그만큼 IT 관련 학부나 전공 분야의 학생들도 ERP 관련 분야 취업에 관심이 높아졌다는 의미일 것이다.

하지만 현재의 학생들에게는 조금 어두운 이야기일 수 있는데, 솔직히 대학에서 ERP 분야를 전공했다고 ERP 컨설팅업계에 취업하는 것이 그리 쉬운 일은 아니다.

물론 ERP분야를 공부하지 않는 대졸 취업 준비생 보다는 환경이 좋은 편이다. 그렇지만 역시나 그리 취업이 쉽지는 않다

그렇다고는 해도 방법이 전혀 없는 것은 아니다

컨설팅 분야에 취업하는 방법을 알기 위해서는 보통의 컨설턴트 출신 유형을 살펴보면 이해하기가 쉽다.

지금까지 보아왔던 ERP 컨설팅 업계에서 일하는 컨설턴트의 출신을 정리하면 다음과 같다

1. 본인이 다니는 회사가 ERP를 도입할 때 본인이 프로젝트에 현업 PI 인력으로 참여한 후 ERP 컨설팅 업계에 들어온 경우
2. 대학 졸업 후 취업을 할 때 우리나라 대기업 계열 SI회사로 취업하여 계열사 ERP 프로젝트 경험을 한 경우

3. 대학 졸업 후 취업을 할 때 ERP를 운용하고 있는 회사의 IT부서로 입사를 하여 해당 IT부서의 선배들로부터 ERP 활용을 경험한 경우
4. 원래부터 외국계 컨설팅 회사나 회계법인에 대학 졸업 후 취업하여 해당 컨설팅 회사에서 ERP 교육을 체계적으로 받은 후 ERP 컨설팅 분야에 발을 내디딘 경우

인터뷰를 직접 할 때 인터뷰이의 이력서를 살펴보면 대부분이 위의 네 가지 경우에서 ERP 분야에 발을 들여놓은 사람으로 분류된다

각 케이스별로 일할 때의 특징을 살펴보면 다음과 같다.

1. 본인이 다니는 회사가 ERP를 도입할 때 본인이 프로젝트에 현업 PI 인력으로 참여한 후 ERP 컨설팅 업계에 들어온 경우

우선 이 경우에 포함되는 출신은 꽤 깊은 업무 지식을 바탕으로 ERP 프로세스 컨설팅을 할 줄 안다. 따라서 함께 일하는 현업 멤버와 업무 프로세스 이야기를 나눔에 있어서 깊이 있는 대화가 가능하다. 왜냐하면 본인이 예전에 해당 현업 멤버와 같은 입장의 경험이 있으므로, 현업 입장의 아쉬운 점을 잘 이해한다.
이런 케이스의 사람들은 Blue Print 단계 혹은 To-Be Freezing 단계에서 프로세스 이슈를 해결하는 것에 강하다. 하지만 본인이 근무 했던 회사와 상이한 산업군에 포함되는 회사의 프로젝트에

투입되었을 때 산업군별 특이 프로세스에 약하다는 단점이 있으며, 본인이 다녔던 회사에 구축되었던 프로세스를 먼저 고려하는 경향이 있다.

2. 대학 졸업 후 취업을 할 때 우리나라 대기업 계열 SI회사로 취업하여 계열사 ERP 프로젝트 경험을 한 경우

두 번째 케이스 출신은 ERP 테크닉에 상당히 강하다. 예를 들어 개발 로직, ERP BASIS, 데이터베이스, 프로그램 스킬 등이 강하다. 왜냐하면 SI회사에서 입사 후 개발 언어 교육이나 시스템 인프라 관련 교육을 먼저 받고, 이 지식을 바탕으로 점진적으로 업무 프로세스를 익혀 나가면서 ERP 프로세스적인 지식이 증가하기 때문이다.

이런 케이스의 사람들은 시스템 오픈 후 경험하게 되는 각종 시스템 이슈에 강하다. 왜냐하면 ERP 시스템 오픈 후 가장 많이 발생하는 시스템 이슈는 개발한 프로세스에서 발생한다. 이때 시스템 HW적인 지식이나 개발 언어 지식을 보유하고 있으므로, 오픈 후 발생하는 개발 이슈 대응에 매우 강하다.

3. 대학 졸업 후 취업을 할 때 ERP를 운용하고 있는 회사의 IT부서로 입사를 하여 해당 IT부서의 선배들로부터 ERP 활용을 경험한 경우

세 번째 케이스 출신은 프로세스를 폭넓게 알기보다는 본인이

운영을 담당했던 해당 분야에 대해서만 매우 깊숙하게 아는 특징이 있다. 개인적인 경험으로는 ERP 컨설팅 분야로 재취업 가능성이 가장 어렵다고 할 수 있다. 왜냐하면 이미 ERP는 가동 중에 있는 IT운영 부서에 입사했으므로 ERP 구축 프로젝트 시에 진행되는 ERP의 IMG 설정 등을 본인이 직접 전반적으로 경험하기가 어렵고, 프로젝트의 전반적인 진행 사이클을 경험하기가 어렵기 때문이다.

4. 원래부터 외국계 컨설팅 회사나 회계법인에 대학 졸업 후 취업하여 해당 컨설팅 회사에서 ERP 교육을 체계적으로 받은 후 ERP 컨설팅 분야에 발을 내디딘 경우

마지막 케이스 출신은 ERP Standard에 기초한 프로세스 지식이 강하다고 할 수 있다. 하지만 ERP Standard에서 해결할 수 없는 각종 개발 이슈나 HW적인 이슈 등에는 약하다.

이러한 케이스의 컨설턴트는 PI/ISP 프로젝트 시 프로세스 장표를 그리는 것에는 매우 탁월할 수 있고, 구축 진행 시에는 PI/ISP 대비 깊이가 약할 수 있다.

왜냐하면 컨설팅 회사에 입사한 후 제반 업무 경험 없이 바로 ERP 교육만을 받은 상태에서 프로젝트에 투입되므로 비록 컨설팅 방법론이나 레퍼런스 자료를 참고한 문서 작업에는 강하더라도 ERP 깊숙한 각종 산업별, 고객 유형별 변형되는 업무 프로세스 적응에는 약할 수 있다.

따라서 오픈 후 개발 이슈나 인프라적인 이슈의 대응에는 약할 수 있다.

하지만 위 네 가지 출신 케이스가 꼭 스테레오타입으로 정형화 된 것은 절대 아니며, 솔직히 컨설턴트의 지적 호기심과 성실성이 그 컨설턴트의 개성에 크게 영향을 미치게 되고, 또한 경험이 점점 많아질수록 각 케이스별 특징이 점점 수그러진다.

하여튼 출신 성분이 위와 같은 테두리를 가진다고 본다면 대학 졸업생이나 위에 해당하지 않는 직장인이 ERP 컨설팅 회사로 들어 올 수 있는 방법은 위의 4가지 경우 중에 선택할 수 있는 방법을 고려하여 본인의 중기 career path를 준비하면 좋지 않을까 싶다.

개인적으로 본인이 아는 어떤 사람은 통역사 출신으로 외국계 회사의 ERP 프로젝트에 통역사로 활동하다가 옆에서 통역하면서 어깨너머로 습득한 지식을 본인의 것으로 소화시킨 후, 이 제반 지 식을 바탕으로 ERP 컨설턴트가 된 경우도 있다.

참고로 영어 실력이 추가적으로 있다는 것만으로도 ERP 컨설턴 트로 폭넓은 성장에 매우 큰 도움이 된다. 해외 Roll-Out 프로젝 트나 국내에 진출한 외국계 회사의 ERP 프로젝트, 혹은 외국 컨설 턴트와 함께 하는 ERP 프로젝트에서는 영어 스킬이 되는 사람이 도리어 ERP 지식보다 선호되는 경향이 매우 크다.

그리고 대학 졸업자 중에서 ERP 분야의 취직을 희망하는 사람 은 지속적인 ERP 분야의 지식에 대한 취득도 중요하지만 정말로 국내외 여러 곳을 항상 돌아다녀야 한다는 소위 '역마살'을 극복할 각오가 되어 있어야 하고, 타 업종보다 야근과 employee retention이 많이 떨어지는 것을 감내할 수 있어야 하며, 각종 특이한 성격의 고객사 현업 파트너를 이해하고 함께 일할 수 있는 대인관계 능력 등이 본인의 적성에 맞는가를 살펴보아야 한다. ERP가 아닌 다른 일반적인 회사생활이 모두 마찬가지이지만, 프로젝트는 사람과 사람이 함께 장기간 일하게 되므로 별별 이상한 사람들을 많이 만나게 된다. 따라서 컨설턴트에게 요구되는 것은 본인 의견으로는 인성이 가장 중요할 듯하다.

다시 강조하지만 영어 실력은 매우 중요한 또 하나의 무기이다.

그리고 요즘 인터뷰 시에 이력서상에서 많이 봤는데, 본인이 직접 돈을 투자하여 ERP 자격증을 취득한 사람도 꽤 있다.

물론 ERP 자격증도 취업 시에 도움이 된다. 본인이 신입사원 서류전형 시 이력서를 살펴볼 때 ERP 자격증이 있는 사람들에게는 거의 대부분 서류전형을 통과시키고, 면접 단계까지 반드시 보는 편이다. 하지만 ERP 자격증이 해당 인력의 ERP 실력을 증명하지는 못한다. 그래도 자격증 공부를 통해서 ERP 개념을 이미 이해하고 있는 신입사원이 채용될 가능성은 그렇지 못한 사람보다 높다는 것은 채용 담당자 입장에서 주지의 사실이다. 궁극적으로는 컨설턴트의 이력서상에 점점 쌓여가는 프로젝트 수행 횟수가 자격증 유무보다 더 중요하다.

입장을 바꿔서 당신이 만약 프로젝트를 진행하고자 하는 특정 기업의 ERP 추진 담당자라고 가정하고 한 명의 컨설턴트는 10년 경력에 자격증이 없고, 또 한 명의 컨설턴트는 경력 3년에 ERP 자격증만 모듈별로 2~3개가 있다고 한다면 어느 사람을 선택하겠는가. 본인 같은 경우는 두 사람 모두 인성의 부족함이 없다는 가정하에 10년 경력자를 선택할 것이다. 즉 컨설턴트 이력서상의 다양한 경력을 많이 고려하지 자격증 유무를 많이 고려하지는 않는다.

참고로 고객사에서 컨설팅 회사에게 ERP 자격증 필수 취득 컨설턴트 만 투입해 달라는 요구사항이 가끔 있기도 하다.

ERP 자격증은 이러한 드문 요건 정도에 대응할 수는 있으나, 본인의 금전적 부담을 고려해야 한다면 회사에 취업한 후 회사의 지원을 받아서 자격증을 취득하는 것도 좋을 듯하다.

정말 취업 준비생일 때 경쟁력 강화 차원에서 취득하고자 한다면 국가에서 보조해 주는 지원제도를 살펴보고 준비하는 것도 좋다.

제6장

ERP를 전산실 주도로 할 것인가 현업 주도로 할 것인가

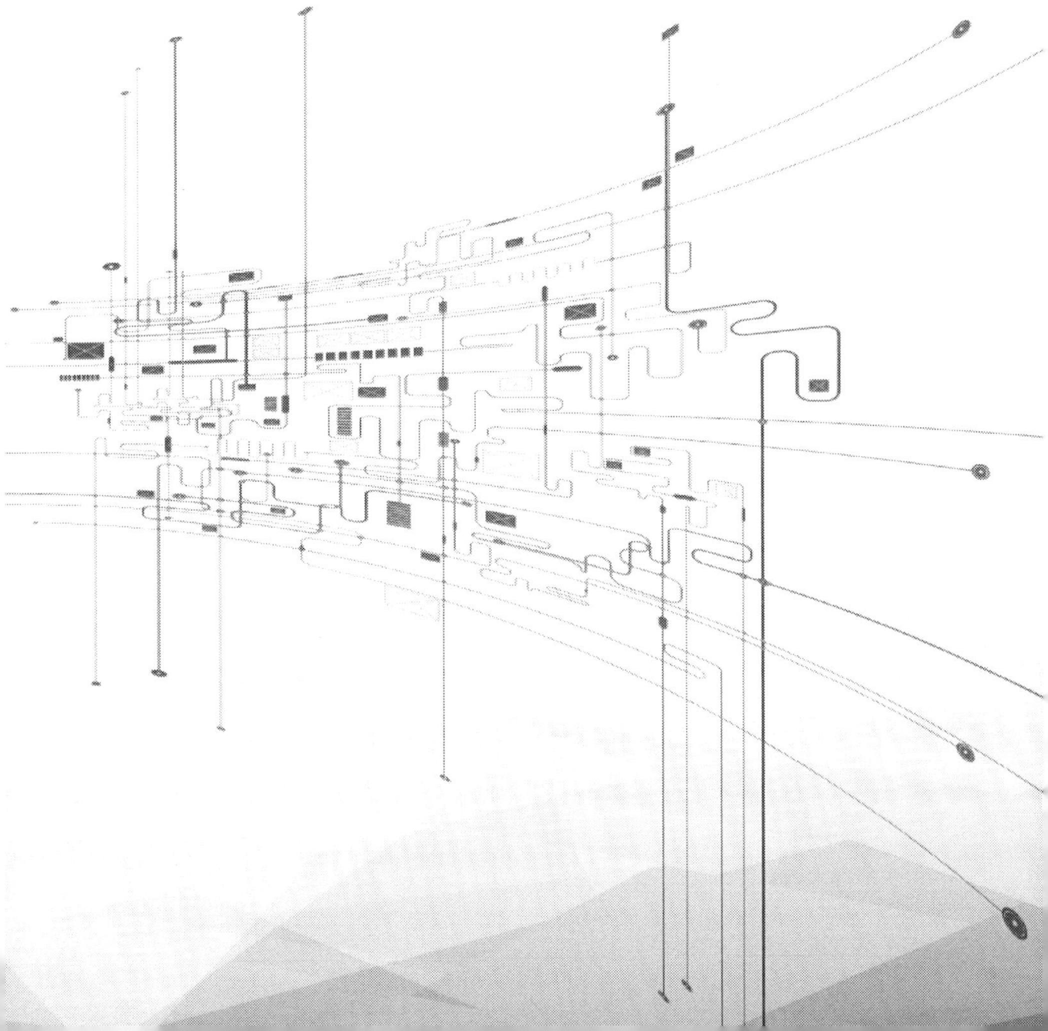

어떤 회사에서 업무 전체를 관장하는 기간시스템을 ERP로 구축할 때 전산실(정보시스템실)에서 주관하여 구축하는 방법을 많이 사용한다. 이 접근 방식으로 구축할 때의 근간은 '현업 인력보다 전산실 인력이 현업 업무를 많이 알고 있고, 이미 전산실 인력이 기존 시스템을 운영하고, 현업의 추가 요구사항에 대한 개발을 지속해 왔으므로, 현재의 상황을 가장 잘 인지하고 있다.'라는 의미에서 전산 환경과 현업 업무를 동시에 모두 깊숙하게 알고 있는 전산실 인력 위주로 프로젝트팀이 구성되는 경향이 있다.

물론 이때에도 업체 선정 프로세스를 거쳐서 개발을 진행할 외주업체를 공정하게 선정하여 진행하고, ERP 개발 방법론에 의거하여 진행되며, 프로세스 개선사항의 도출 작업도 시도하면서 일종의 PI 작업을 함께 진행한다.

하지만 이 방법에서 많이 간과하는 것이 연관 업무 프로세스의 접점에서 발생하는 불합리한 이슈를 개선하거나 조직간 R&R 측면의 개선 등을 통해 효율화할 수 있는 PI 측면보다는 기존 전산실 인력과 현업 간에 주로 불만이 야기되었던 '사용자 입장에서 시스템의 불편함에 대한 개선 작업' 위주로 구축 프로젝트가 진행되는 경우가 많다는 것이다.

하지만 실제적 PI, 즉 Top Down Requirement(경영진이 요구하는 회사의 미래 성장 비전을 고려한 시스템상의 필수 KPI 관리 지표) 도출과 사용자 측면에서 불편하더라도 반드시 한 번 더 입력을 수행해야 하는 프로세스 정합성 측면의 개선 활용(현업 사용자 입장에서는 도리어 불편해질 수도 있으므로 ERP 사용에 대한 불만이 야기 될 수 있으나 모든 업무의 정합성 측면에서 감수해야 하는 전사 측면의 변경) 등에 대해서는 간과될 수가 있다.

이러한 큰 그림을 그리는 것, 즉 숲을 봐야 하나 나무만 보는 약점이 나올 수 있다.

따라서 ERP 프로젝트 진행 시에는 전산실이 주도하기보다는 별도 ERP 추진 조직을 만들고, 해당 조직에 현업 PI 인력을 차출하고, 전산실 인력을 포진시키는 것이 더 효율적이다.

개선 프로세스를 설계할 때 현업 PI인력은 본인이 담당하는 업무에 대해 현업 주도로 PI 과제를 도출하고, 이 과제에 대한 오너도 담당 현업 부서의 임원이 되도록 하여 진행하는 것이 바람직하다.

물론 전산실 인력도 반드시 프로젝트에 함께 투입되어 진행하되, 오픈 후 ERP 시스템을 운영해야 하므로 프로젝트 진행 시 전산 인력은 현업 PI 인력과 함께 프로세스 설계, ERP 사용법 습득, 개발 프로그래밍 지식 습득, IMG 설정 방법 습득, Data 정비 및 Data Migration 시 기존 Legacy 시스템에서 필요 데이터 추출 등의 작업을 함께 해 주어야 한다.

즉 전산실 인력은 프로젝트의 핵심 인력이나 프로세스 설계는 현업 PI가 주도적으로 담당 현업 임원의 의사결정을 받으면서 진행될 수 있는 조직으로 ERP를 추진하는 것이 더 효율적이다.

참고로 상식적인 이야기이지만 프로젝트 추진 인력 선발 시 고려해야 하는 필수항목을 정리하면 다음과 같다.

① 해당 업무 분야에서 가장 우수하고 개혁 성향이 강할 것
② 추진 요원 선정은 인사부서가 아닌 PI 추진 조직에서 선정

③ 발언권과 발표력을 겸비한 자
④ PI 프로젝트 추진 요원은 평가 시 상향 조정된 평가 기준 적용

현업과 전산실이 공조를 이룰 수 있는 일반적인 프로젝트 추진 조직도를 구상하고자 한다면 다음의 조직도가 일종의 사례가 될 수 있다.

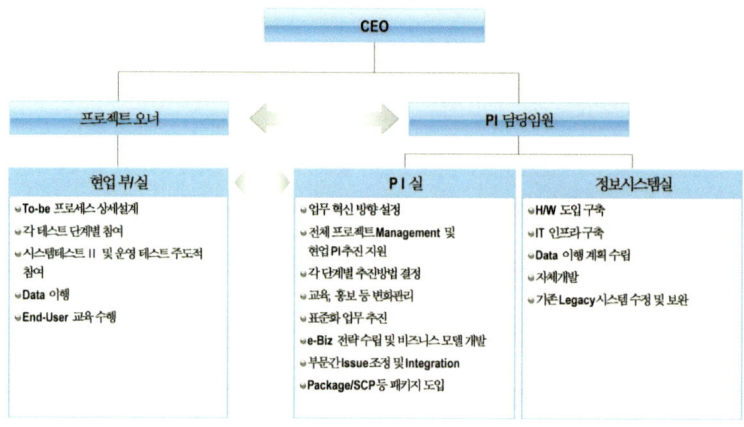

위의 프로젝트 추진 조직도를 보면 현업 부서에서 차출된 인력으로 구성된 PI실(프로젝트 추진 TFT)이 각각의 현업 업무 영역별로 혁신 방향, To-Be, 표준화 등을 진행하도록 조직이 구성되어 있다. 또한 제반 IT 인프라에 대해 가장 잘 알고 있는 전산실 인력들이 시스템적인 사항을 담당토록 하면서, PI 담당 임원이 각 개선 항목에 대한 프로젝트 오너(현업 임원진)와 이슈 등에 대한 교류를 진행하

면서 프로젝트가 진행되도록 구성한 것을 볼 수 있다.

위의 샘플 조직도 상에는 PI실과 정보시스템실이 수평조직으로 구성되어 있는데, PI실 혹은 ERP 추진 TFT 조직 밑으로 정보시스템실의 ERP 추진 IT인력을 배치하는 방법을 고려할 수도 있다.

위와 같은 ERP 구축 조직을 구성한다고 해도 사람과 사람이 서로 끊임없이 협업해야 하는 구조상, 프로젝트 진행 시 현업 PI 인력, 전산 인력의 R&R 관련한 이슈가 발생한다. 어떤 이슈가 발생될까? 이를 프로젝트 전반적인 흐름을 통해서 예상해 보고, 어떻게 해야 이러한 이슈를 방지하고 해결 할 수 있을까를 살펴본다.

이제 위와 같은 ERP 추진 조직을 만들고 프로젝트가 시작되었다고 가정한다.

프로젝트에 참여하는 조직별 혹은 회사별 인원 구성은 다음의 세 조직으로 구분할 수 있을 것이다.

① 컨설팅 펌의 컨설턴트
② 현업의 각 조직에서 파견된 PI 인력
③ 전산실 인력

일단 현업 PI 인력과 전산실 인력은 ERP에 대한 기능적인 지식이 거의 없을 것이다. 비록 프로젝트 시작 전 ERP 교육을 수료하였다고 해도 ERP 지식은 컨설턴트보다 현저하게 낮다.

컨설턴트 주도하에서 업무 조사가 시작되고, 해당 업무별 AS-IS 프로세스에 대해서 대부분 현업 PI들이 컨설턴트와 함께 조사를 진행하게 될 확률이 매우 크다. 전산실 인력은 참여는 하되 중추적인 역할을 담당하기 어려울 것이다.

AS-IS 조사가 끝나고 To-Be 프로세스 설계와 GAP 분석 작업이 들어가는 단계로 접어든다.

To-Be 프로세스는 ERP 지식 기반하에 고려하게 되므로 컨설턴트에 대한 의존도가 더욱 커진다.

계속해서 현업 PI 인력과 컨설턴트 간에 업무 협의가 깊숙하게 진행된다. 이때도 전산실 인력은 중추적인 역할로 참여하기 어렵다. 전산실 인력은 스스로 해당 프로젝트에서 소외당하고 있다고 느끼기 시작한다.

To-Be 프로세스가 설계되면 ERP 시스템상에 해당 To-Be 프로세스를 적용해 보게 된다. 이를 통해 ERP 기본 기능으로 구현이 불가능한 프로세스에 대한 별도 개발 항목이 도출된다. 도출된 개발 항목에 대해서 컨설턴트는 어떻게 사용자 측면에서 사용하게 할지를 현업 PI와 기능적 측면으로 협의를 한다. 이때에도 전산실 인력이 주도적으로 나서기 어렵다.

드디어 개발이 시작되었다. 이번에는 ABAP 개발 컨설턴트가 투입되기 시작한다. 컨설턴트는 현업 PI와 계속 회의하기 바쁘고, 개발 로직 정의서(소위 개발 스펙) 쓰기에도 바쁘다. 더군다나 컨설턴트는 이젠 투입된 개발 컨설턴트와도 협의를 해야 한다.

개발이 거의 완료되고, 동시에 통합 테스트가 몇 번에 걸쳐 수행된다. 초반에는 컨설턴트가 통합 테스트를 주관하다가 점점 현업 PI 인력이 주도하면서 통합테스트가 진행된다. 현업 PI의 ERP 시스템에 대한 적응은 이제 매우 높은 수준까지 올라와 있다.

통합테스트 막바지를 거치면서 오픈 준비가 시작되었다. Cut-Over Plan에 의거해서 Data Migration 작업 준비가 시작되었다. 드디어 전산실 인력이 기존 Legacy 시스템상에서 필요로 하는 데이터를 추출하는 작업을 담당한다. 하지만 기존 Legacy에서 추출된 Migration 데이터는 ERP Format과 완전히 상이하다. 컨설턴트는 전산실 인력에게 ERP Format으로 변경을 요청하지만 전산실 인력의 ERP 이해 수준은 아직 부족하여 결국 현업 PI와 컨설턴트가 작업을 하게 된다.

오픈 전 사용자 교육이 시작되었다.

현업 PI 인력과 컨설턴트는 사용자 교육에 참가하느라 정신이 없다. 지방의 지점도 방문해서 교육해야 한다. 프로젝트 룸에는 전산실 인력만 덩그러니 남아 있게 된다.

드디어 ERP 시스템이 오픈되었다. 오픈 초반 아직 적응력이 떨어지는 해당 회사의 사용자들은 ERP 추진 TFT로 전화와 메일, 메신저를 통해 Help 요청이 줄기차게 나온다.

현업 PI와 컨설턴트는 정신이 없다. 만약 전산실 인력이 사용자의 Help 요청을 받더라도 해결책을 잘 모른다.

오픈 후 정신없는 한 달이 지나고 드디어 첫 결산 작업이 시작되었다.

현업 PI는 첫 결산을 하느라 정신이 없고, 어느덧 어려웠던 첫 결산이 완료되었다.

프로젝트는 이제 완료 보고를 향해 마지막 마무리를 준비 중이고, 컨설턴트는 철수를 준비한다.

남아 있는 전산실 인력은 이제부터 직접 ERP 시스템을 운영하고 유지 보수해야 한다.

컨설턴트가 철수한 후 전산실 인력은 엄청난 시행착오를 거치면서 직접 ERP 시스템을 운영하게 된다.

발등에 불이 떨어진 상태이다 보니 철수한 컨설턴트에게 문의를 하면서 그럭저럭 운영을 해나간다. 이러한 상태로 다시 몇 개월이 지나갔다.

전산실 인력은 ERP 오픈 후 혼자 남아서 유지 보수를 하면서 프로젝트 구축 기간보다 더 상처를 받아가면서 스스로 ERP 지식을 많이 쌓았다.

그 후 몇 개월이 더 지나갔다.

이제 그나마 전산실 인력이 스스로 ERP 시스템을 꾸려나갈 정도의 실력이 되었다.

프로젝트에 초반 투입부터 현재까지를 경험한 전산실의 홍길동 과장이 곰곰히 생각해 보니 ERP 오픈 후 1년이 흘렀다.

홍길동 과장이 친구들을 통해 알아보니 다른 회사는 ERP 오픈 후 몇 개월 뒤 조직이 변경되어 특정 사업군 프로세스에 대해 ERP에 추가 구축을 전산실에서 자체적으로 완벽하게 수행하였다고 한다.

'왜 우리는 그렇게 되지 못할까?'라는 생각을 하면서 별을 보면서 야근 후 힘없이 퇴근한다.

"ERP는 왜 도입해서 나를 이렇게 힘들게 하는가……." 하고 되뇐다.

프로젝트는 나쁘지 않는 결과를 산출하면서 잘 끝났으나 위와 같은 인력의 R&R 측면의 이슈가 발생되는 사례는 꽤 많다.

위 사례는 프로젝트는 성공적으로 잘 끝났으나 오픈 후 안전화 측면의 변화 관리는 완전히 실패한 프로젝트이다.

만약 전산실 인력이 프로젝트 초반부터 강력하게 함께 주도적으로 나설 수 있는 분위기와 변화 관리만 잘 되었다면, 오픈 후 안정화가 훨씬 빨랐을 것이고, 인적자원의 원활한 활용이라는 무형의 비용절감도 이룰 수가 있었을 것이다.

위의 가정에서 인력 R&R의 이슈가 모두 나와 있다.

해결책도 모두 나와 있다.

즉 컨설턴트는 SAP To-Be에 대한 시스템 테스트 시(Proto Type 진행 시) 전산실 인력을 반드시 포함시켜서 테스트 기회를 주었어야 했고, 특히 IMG 설정 시 속도가 느리더라도 반드시 전산실 인력을 교육시키면서 전산실 인력이 직접 해볼 수 있게 했어야 했다.

또한 ABAP 개발 컨설턴트가 투입되는 초반에 전산실 인력에 대한 개발 언어 교육을 한 번 더 하고, 일부 쉬운 ABAP 프로그래밍을 할 수 있는 기회를 주었어야 했다.

이러한 작업이 병행되었다면 전산실 인력은 Data Migration 시 상당한 Man Power를 발휘했을 것이고, Data Migration의 정합성이 꽤 올라갔을 것이다.

오픈 후 컨설턴트가 철수하기도 쉬웠을 것이다.

오픈 후 안정화 기간도 훨씬 줄일 수 있었을 것이다.

이러한 현업 PI 인력과 전산실 인력의 R&R과 관련된 모든 것은 프로젝트를 총괄 관리하는 Project Manager가 절대 간과해서는 안 된다.

과연 ERP는 기업 경영에
도움이 되는가 #1

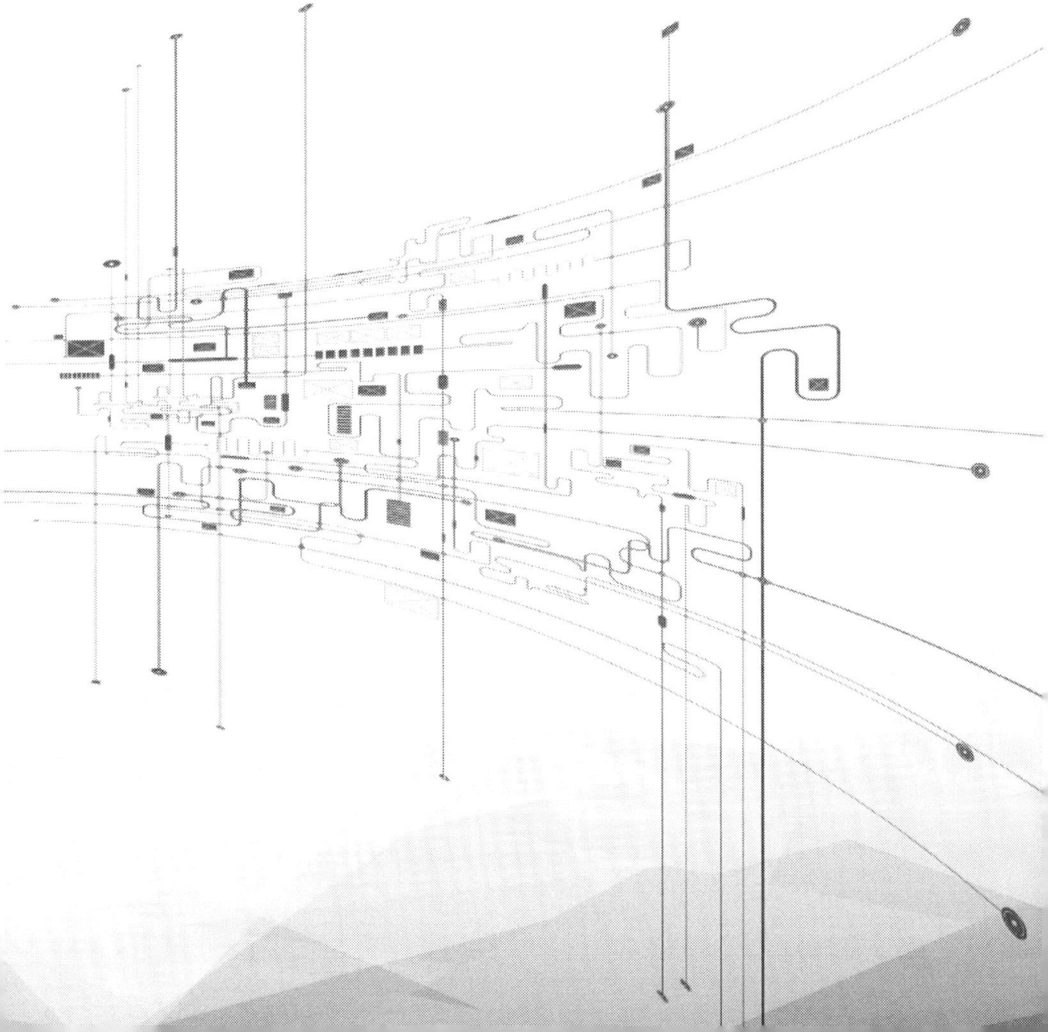

1. 실무자 입장에서

결론을 먼저 이야기하면 도움이 된다.

하지만 '기업 경영에 도움'이라는 정의를 어디에 맞추느냐에 따라 도움은커녕 기업 업무 프로세스에 일대 혼란을 야기시킬 수도 있다고 본다.

기존의 기간 시스템이 ERP로 바뀐 회사에서 일을 하는 대리급 인력인 A씨와 B씨 두 사람이 있다고 치자.

두 사람은 대학 동창으로 현재는 서로 다른 회사에서 일을 하고 있다. 그런데 그 둘 중 한 명의 회사에서 이번에 ERP를 도입하였다.

ERP 프로젝트에 본인이 직접 현업 PI 인력으로 참여한 것은 아니지만 업무 이슈 미팅을 하거나, 전체미팅을 할 때 몇 번 ERP 개념이나 Operation 방법을 교육받았다. 하지만 본인의 업무와 관련된 부분에 대해서만 교육받게 되므로 다른 업무 영역의 프로세스 대비 ERP Operation 방법은 알기가 어려웠다.

또한 프로젝트 시 변화 관리 교육에도 피교육자로 몇 번 어쩔 수 없이 참여를 했는데, 항상 변화 관리팀에서 이야기하는 것이 "생각을 바꿔보자", "기존 틀로는 안 된다" 등등이었다. 그런데 본인에게는 무엇을 바꾸라는 것인지 이해가 가지 않았다.

하여튼 ERP는 오픈이 되었고, 오픈 전 교육을 받을 때 받은 매뉴얼을 이용하여 본인의 일을 ERP에서 처리하기 시작했다. 그런데 기존에 오더 하나를 기존 시스템에 등록을 하는 데 1분이 걸렸고, 1분 동안 오더 등록을 위해 입력해야 하는 정보가 10개 정도였다고 치면, 새로운 ERP는 대략 오더 하나 등록하는데 5분이 넘게 걸리는 것이었다. 화면도 완전 틀리고, 여러 개 화면을 왔다 갔다 하면서 입력해야 하고, 입력해야 하는 데이터는 대략 30개 필드 이상으로 늘어나버렸다.

더군다나 예전 시스템에서는 오더 생성을 위한 본연의 정보만 입력하면 되었는데, ERP에서는 회계 원가 정보 같은 것도 함께 입력을 해야 했다. 따라서 오더 생성 담당자인 본인은 점점 짜증이 나기 시작하였고, ERP라는 말을 들을 때마다 소위 '이가 갈리고 알이 배기고 피가 터지는 시스템'이란 소문이 맞구나 하고 스스로 생각하기 시작하였다.

그러던 어느 날 다른 회사에 다니는 대학 친구를 동창회에서 만나게 되었고, 서로 살아가는 이야기를 하다가 우연히 동일한 ERP가 두 친구의 회사에서 사용되고 있다는 공통분모를 발견하게 되었다.

A씨 왈 "너네 회사 ERP를 사용하긴 어떠냐? 난 죽겠던데……. 시스템이 불편하고 꽉 막혔어. 오더 하나 만드는 데 그 어려움이 장난 아냐. 그런 걸 시스템이라고 쓰라고 하니 원! 돈만 날린 거지."

B씨 왈 "맞아! 내가 우리 회사 회계부서 담당자로서 느끼는 건데, 정말 ERP 사용하기 힘들어 예전 시스템은 회계 전표 하나 생성하는 데 한 화면에서 1분 정도면 되었거든. 근데 ERP는 화면도 여러 개를 들어가야 되고 시간도 많이 걸리고 입력해야 하는 항목도 무지 많아. 그나마 지금은 그 불편한 것이 그럭저럭 적응되어서 사용하고 있지만 정말 추천하고 싶지 않은 시스템이야."

위의 대화처럼 한 회사에서 가장 실무적인 일을 많이 하는 A대리, B대리가 보는 ERP는 정말 불편한 시스템 그 자체이다.
그런데 사용자들이 이렇게 어렵게 여기는 ERP가 어떻게 많은 회사들이 붐을 이뤄 도입하고 그 수도 점점 많아지는 것일까?

2. 경영자 입장에서

이번엔 사원이 아닌 어떤 기업 임원 레벨에서 다시 한 번 ERP에 대해 주고받는 대화를 살펴보자.

ERP의 도입에 관심 있는 회사 임원이나 사장이 있다고 치자. 위의 예처럼 A, B 대리처럼 A사장과 B사장이 특정 모임에서 서로 만나서 대화를 한다. 서로 무척이나 친한 동창이라 말투가 걸다.

<u>A사장</u> "B야. 너네도 이번에 ERP 도입했다며? 돈 좀 들였겠구나. 우리는 이제 도입한 지 2년째다."

<u>B사장</u> "응 돈 좀 썼지. 그런데 ERP 도입하면 좋다고 하던데 아직은 별로 모르겠어. 이제 사용한 지 두 달 되어가는데 내가 원하는 자료도 그리 잘 나오지 않고, 데이터도 많이 틀려. 물론 기간 시스템 전체를 바꾼 거니까 적응하는 데 시간이 좀 필요하겠지. 실무자들도 아우성이야. 괜히 바꿨나봐. 실무자들의 의견을 물어보면 다 불편하고 어렵고 좋지 않게 이야기해. ERP 프로젝트에 투입된 우리 인력이 잘못한 것인지, 아니면 컨설팅 회사가 잘못한 것이지, 아무튼 ERP 추진팀장은 요즘 내가 많이 혼내는

편이야. 예전에 쉽게 나오던 것도 안 나오니 원……."

A사장 "음……. 조금만 더 시간을 주는 것이 어떨까? 2개월밖에 안 되었으니 시간이 더 필요할거야. 그런데 말야 우리는 대략 2년 정도 사용하다 보니 이젠 나도 느끼는데, 특정 데이터를 상당히 입체적으로 볼 수 있어. 그러니까 내가 경영 판단을 하기 위한 기본 자료가 꽤 상세하게 보고가 되기 때문에 그럭저럭 만족해. 하지만 우리 실무 인력들은 아직도 불평이 있긴 하지. 시간 많이 잡아먹고, 어렵다고 말이야. 그래도 요즘엔 그럭저럭 적응해서 사용하고 있어. 그리고 신입사원은 도리어 ERP를 더 잘 써.

하지만 말야 자네나 나 같은 사장 입장에서 판단해 보자고. 우리 회사에서 ERP를 오픈하고 1년 정도 지난 후에는 어느 정도 불평이 현저하게 줄었어. 그런데 내가 월 중에 예를 들어 특정 고객군에게 판매한 특정 제품군 관련 손익 정보를 직원에게 요구하면 바로 가져다 줘. 예전엔 월 결산 끝나고 한참 후에나 알 수 있었거든."

B 사장 "음……, 그렇군. 나도 우리 회사 시스템이 안정화되도록 시간을 좀 더 주고 신경 좀 써야겠군."

A 사장 "그런데 이제 2년 정도 흐르고 보니 우리 실무자들이 완전히 적응해서 이제 시스템 입력 불편하다는 이야기도 없고, 시스템 입력 시간도 이제는 아주 빨라졌어. 즉 수작업 보고서를 내게 올리기 위해 엑셀이나 파워포인트 작업에 매달리면서 야근하면서 업무시간을 보내기보단 다른 고부가가치가 있는 쪽으로 직원들 시간을 돌려줄 수 있더라구. 이렇게 되

다 보니 결국 생산성에도 간접적으로 영향을 준 것이지. 그리고 우리 같은 경영진은 가급적 ERP에서 보고되는 리포트를 그냥 보는 연습도 필요해. 그렇지 않으면 직원들이 ERP에서 나온 데이터를 예전처럼 파워포인트나 엑셀로 다시 가공해서 보고해야 하는 과거의 답습이 또 발생하게 되거든."

위 대화처럼 ERP는 실무자들의 편의성을 위한 시스템은 아니다. 물론 기존 시스템보다는 특정 작업 측면에서는 편리해졌을 수도 있지만 보편적인 ERP의 사용 목적성을 보았을 때 사용 편의성만을 위한 시스템은 절대 아니라는 의미이다. 하지만 기업의 경영 판단을 하는 위치에 있는 사람 입장에서는 ERP가 매우 강력한 도우미가 된다.

3. 전체 이용자 입장에서

　부수적인 이야기로 경영자 층뿐만 아니라 프로젝트에 참여한 PI 인력이나 IT 관련자 입장에서도 도움이 된다.

　프로젝트를 진행할 때 투입된 담당자는 본인 업무 외에 연결되는 연관 부서의 업무 프로세스를 함께 보는 거시적인 안목을 키울 수 있다.

　예를 들어 원가 담당자가 ERP 프로젝트에 투입되었다고 하면, 이 사람은 생산 모듈의 제조원가 산출을 위해 생산 담당자와의 끊임없는 업무 협의를 통해 생산 프로세스의 전반적인 ERP 개념을 알 수 있게 된다. 월 중 제조원가를 위해 표준원가 개념에 눈을 뜨고, 결산 후 실제원가와의 차이 분석을 통해 본인이 몸담고 있는 회사의 원가 경쟁율 재고까지 눈높이가 올라갈 수 있는 원동력이 된다. 이를 통해 만약 본인 회사의 표준원가와 실제원가의 차이를 정확하게 눈으로 확인하면서, 목표원가를 더욱 낮추면서 실제원가가 수렴되도록 하는 노력을 기울이게 할 수 있는 토대를 배양시키는 수준까지 올라갈 수도 있다. 이렇게 담당자의 능력이 올라간다면 올바른 지휘체계가 있는 회사라면 담당 임원이나 사장 입장에서는 그 담당자에게 더 좋은 기회와 리더의 기회를 줄 수밖에 없을 것이다.

마찬가지로 영업 담당자가 프로젝트에 투입되었다고 하면, 해당 담당자는 프로젝트를 하면서 ERP 기본 사항인 영업 모듈의 수익성 자료를 원가모듈과 연동시키기 위해 영업 유형, 고객 유형, 상품 유형별 수익성 분석을 위한 영업 모듈의 프로세스 전반적인 사항을 함께 알게 될 것이고, 이를 통해 담당 팀장이나 임원이 "김 대리 이번달 초부터 오늘까지 발생된 매출 중에서 A영업 유형으로 A고객군에 대해 A지역에서, A상품군으로만 발생된 매출 대비 수익 정보를 보고하게."라고 했을 때 ERP상의 데이터를 통해 바로 보고를 할 수 있게 된다. 역시 담당 임원은 이러한 부하직원을 키워주지 않고는 못 배길 것이다.

물론 다시 말하지만 올바른 지휘체계가 잡혀 있는 회사라면 말이다.

아무튼 프로젝트에 투입되어 컨설턴트와 함께 동거동락하면서 수많은 밤을 새우며 담당자의 업무에 대한 안목은 정상적인 프로젝트라면 올라갈 수밖에 없다.

따라서 해당 직원은 회사 내부에서 프로젝트 후에 입지가 강화될 수 있는데, 만약 담당자가 프로젝트 후 본인이 ERP 프로젝트에 자질이 있다고 생각하는 경우, 컨설팅 세계로 진입할 수 있는 통로로 개인 비전을 다시 만들 수도 있다. 물론 회사 입장에서 실력 있는 직원을 육성하는 것과는 배치되는 이야기이지만…….

실제로 많은 컨설턴트들이 이러한 통로를 통해 컨설턴트의 길로 접어들게 된다.

또한 개인 비전을 위해 담당자가 이직할 경우 이때에도 많은 플러스적인 도움이 된다. 요즘에는 대부분의 큰 기업체들이 ERP를 기간시스템으로 사용 중이므로, 이직을 할 때에도 해당 업무에 대한 경험과 ERP 프로젝트의 경험이 본인 몸값을 올리면서 이직할 수 있게 만드는 도구가 된다.

이는 현업 담당자뿐만 아니라 해당 회사의 IT 담당자에게도 마찬가지이다. 프로젝트에 함께 투입되어 일을 한 IT 담당자도 이직 등의 기회에서 더 좋은 몸값, 더 좋은 비전을 가지고 동일한 ERP를 사용하는 무수히 많은 다른 기업, 컨설팅 기업, 프리랜서 시장 등으로 몸값을 올리며 전직할 수 있는 최소한의 기회가 될 수 있다.

ERP 유경험자에 대한 진로는 별도 장에서 다시 자세하게 설명하기로 하고, ERP가 경영혁신에 도움이 되는가에 대한 주제를 설명하면서 몇 번씩이나 '올바른 지휘체계가 정립된 회사의 경우……', '정상적인 프로젝트라면'이라는 전제조건을 언급하였다. 이유는 단순하다.

경영자나 임원들이 회사를 경영할 때 시스템 경영을 등한시하여 수많은 희생을 감수하고 구축한 비싼 ERP 시스템이 경영 효율화의 도구로 시너지를 발생시키지 못하고, 단순한 새로운 기간 시스템 기능으로만 활용되는 것을 많이 보아왔기 때문이다.

정말 업무에 효율과 혁신을 가지고 오는 ERP를 구축하고 보유하기 위해서 경영자 층은 어떠한 방향으로 조직 지휘체계를 고려해야 할까?

첫 번째로 ERP 활용성 강화 측면에서 조직을 이끄는 방법에 변화를 주어야 한다.

ERP를 효과적으로 활용하기 위해서는 내부 조직원들에게 이 말 한마디면 된다. "향후 내게 보고하는 자료는 ERP 자료를 직접 가지고 와서 보고할 것!" 혹은 "향후 경영 현황 미팅은 EIS 화면을 가지고 진행한다."

조직장의 이러한 지시만 있다면 ERP는 오픈 후 빠르게 안정화될 수 있다.

지금까지 수많은 프로젝트의 경험상 ERP에 자료가 있음에도 이를 이용하여 보고를 받지 않고 ERP 프로젝트 전에 보고용으로 올라갔던 자료 유형을 고집하는 조직장을 수 없이 봐 왔기 때문이다. 심지어 ERP 구축 전에 보던 보고자료와 동일한 색깔 톤으로 보고하라고 하는 조직장을 본 적도 있다. 이렇게 되면 실무자들은 ERP 구축 후에도 보고를 위한 별도의 보고서 작업은 기존과 동일하면서 ERP에 입력해야 하는 수고는 덤으로 더 가지고 가게 되어, 결국 ERP는 빛을 보지 못하게 된다.

그런데도 "ERP 자료로 보고할 것!"이라고 주장하는 조직장 찾기가 매우 힘들다. 이유는 조직장이 스스로 변하지 않기 때문이며, 스스로 공부를 하지 않기 때문이다.

본인이 보고자 하는 것을 직접 ERP상의 Report로 보게 되면 솔직히 데이터가 너무 상세하여 보기가 어렵다. 즉 리포트를 보기 위해 별도의 공부를 더 해야 하는데 임원들은 "나는 바쁜 사람이니 이러한 실무보고서를 보는 법을 공부할 시간은 없다."라는 생각이 매우 강하다.

"내가 지시해서 비싼 ERP을 구축하고 실무자까지 투입시켰는데, 내가 왜 이 나이에 ERP을 공부해야 하나?" 하는 사상이 우리나라에는 너무 강하다.

ERP는 외부 컨설턴트와 투입된 담당 실무자만의 프로젝트도 아니고, 구축 후 담당 실무자만이 쓰는 시스템이지만 데이터를 보는 법 정도는 조직장도 공부를 해야 한다는 것을 염두에 두어야 한다.

만약 이 책을 읽은 사람이 어떤 회사의 임원인데, 본인이 정말 ERP를 공부하기(리포트 데이터 보는 공부) 싫다면 ERP 활용성을 강화시킬 또 다른 좋은 방법 없을까?

물론 있다.

EIS를 활용하는 방법이 있다. EIS는 소위 '경영자정보시스템'을 의미한다. 즉 ERP가 회사의 모든 경영 트랜잭션이 발생되고 보관되는 자원시스템이라고 본다면, EIS 시스템은 ERP의 데이터를 경영자들이 직관적으로 쉽고 빠르게 볼 수 있도록 지원하는 툴이라고 이해하면 된다.

EIS 활용을 잘 하여 ERP 효과를 보낸 기업 사례를 들면 다음과 같다.

A그룹 회장은 출근하면 항상 비서가 회장 PC에 미리 EIS 화면을 켜 놓는다. 화면에는 전 계열사 대상으로 회장 입장에서 가장 관심 있게 보는 지표가 PC의 한 화면에 직관적으로 보기 쉽게 나타나 있다.

A그룹의 대부분 주력 계열사는 ERP 시스템이 구축되어 있고, 모든 데

이터는 DW(데이터웨어하우스)를 통해 축적되고, 이 데이터 중 핵심 KPI가 회장이 출근 후 항상 확인된 후에 하루가 시작된다.

A그룹의 A계열사는 공장 수율, B계열사는 대고객 해지율, C계열사는 수수료율, D계열사는 공사 진척율이 중요하다. 회장은 컴퓨터 활용이 매우 미숙하다. 단지 마우스를 사용하여 클릭하는 정도의 컴퓨터 활용 능력만 가지고 있을 뿐이다. 하지만 출근 후 보는 EIS 화면에서는 메뉴를 선택할 필요도 없고, 단지 회장 본인이 궁금하면 해당 그래프나 수치를 마우스로 클릭만 하면 상세 지표가 나온다. 회장이 출근 후 EIS를 보는 시간은 단지 5분이다.

하루는 A계열사의 어제 생산수율이 전일 및 주 평균보다 현저하게 나쁘게 나온 것을 EIS 화면상에서 보고, 바로 A계열사 사장에게 전화를 했다.

"김 사장 어제 수율이 상당히 떨어졌는데 왜 그런가요?"

A계열사 사장도 출근 후 이미 EIS 화면상에서 본인 계열사의 주요 의사결정 대상 KPI 리포트를 파악하고 있으므로 정확하게 설명을 한다.

"예 회장님. 어제 오후 무렵 안전 재고 기준을 넘어설 정도로 A 원재료가 부족하여 시스템으로 자동발주가 나갔는데, 폭설로 인해 공급업체의 공급이 늦어지면서 발생되었습니다."

위 사례는 실제로 EIS를 활용하는 고객사의 실제 사례인데, 위 사례에서 보듯 경영자 층이 ERP 데이터를 이용하여 보여주는 EIS를 매일 몇 분만이라도 보면서 의사결정을 하는 것을 보여준다. 그룹이나 회사의 최상위층이 EIS를 이렇게 활용한다면 사장 밑의 임원이나 임원 밑의 팀장, 팀장 밑의 팀원들은 당연히 EIS상에 보이는 데이터를 핵심 관리할 수밖에 없고, 따라서 ERP에서 발생되는 데이터에 만전을 기할 수밖에 없다.

EIS에서 보이는 데이터가 잘못되면 소위 "짐 쌀 수밖에 없으므로……."

즉 경영자 층은 EIS를 회사에서 가지고 노는 일종의 본인 '장난감'처럼 자주 활용하겠다는 느낌으로 다가서면 좋을 것이다.

위와 같이 회사의 상층부가 시스템을 통한 데이터 경영을 습관화한다면, 이 모든 데이터가 집대성되는 ERP에 대한 직원들의 관심도가 올라가게 되며, 결국 상당한 경영 효율을 발생시킬 수 있다.

하지만 회사의 상층부가 위와 같이 EIS를 활용하도록 변화 관리가 되지 않은 상태에서 내부 실무 리더 선에서 EIS를 도입한 경우의 대부분은 EIS를 구축해 놓고서도 무용지물이 된다.

왜냐하면 회사의 상층부는 계속 과거에 본인이 봐 왔던 보고 형식을 선호하는 것에 대한 변화를 진행시키지 못했기 때문이다.

참고로 ERP 프로젝트와 EIS 프로젝트를 함께 진행하는 경우 ERP 오픈 후 최소 한두 번의 월 결산 혹은 분기 결산 후에 EIS가 오픈되도록 방법론을 구성하는 것이 좋다. 왜냐하면 ERP가 어느 정도 가동되고 ERP상에 데이터가 축척되어야 볼 만한 EIS 데이터가 산출되기 때문이다.

4. 인력 관리 문제

ERP의 효과를 얻을 수 있는 경영자 층의 두 번째 고려요인으로는 인력관리 측면에 변화를 주어야 한다.

앞에서도 이야기한 것처럼 ERP 프로젝트에 투입된 인력들은 시스템 오픈 후 업무를 바라보는 시각이 매우 넓어지게 된다. 이는 해당 직원이 이직 시장에서 상당한 품질을 확보한 인재로 어필이 가능하다는 의미이다.

하지만 보통의 회사에서 ERP 프로젝트가 끝난 후 모든 PI 작업, 즉 업무개선 작업도 ERP와 함께 완료된 것으로 간주하고, 프로젝트에 투입된 직원을 다시 본인이 프로젝트 전에 소속된 팀으로 발령을 내게 된다.

하지만 1년 만에 복귀한 기존 본인 소속팀은 이미 본인 없이도 안정되게 돌아가고 있다는 것을 느끼게 된다. 잘 모르는 사원도 몇몇이 있다. 조금 후면 고과, 승진 시즌인데 다시 복귀한 팀의 팀장도 이미 다른 분이 와 있고, 본인 승진이 걱정되기 시작한다. 이미 업무를 보는 시각이 넓어진 해당 직원은 고민을 하게 된다.

"우리 회사보다 더 큰 회사에서 내가 이번에 진행한 ERP 유경험자 출신의 원가담당자를 찾는데 지원해 볼까? 연봉도 더 높은데…….”

결국 해당 직원은 복귀한 원 소속 팀에서 적응하지 못하고 다른 회사로 몇 개월 후 이직을 하게 되었다.

1년간의 어려운 프로젝트를 통해 이제 막 ERP시스템을 오픈하고 그 시너지를 기대하고 있는데, 해당 업무에서 ERP 시스템을 가장 잘 하는 인력이 퇴사를 해 버린 것이다.

이 회사가 잃어버리게 된 보이지 않는 기회비용은 막대할 것이다.

어느 정도 과장된 사례라고 보이는가? 그렇지 않다. 이는 실제로 프로젝트 후 많이 보게 되는 광경이다.

만약 이 회사의 해당 직원이 퇴사를 하지 않고, 예를 들어 경영혁신팀이나 PI팀 등에서 ERP 안정화를 좀더 진행하고, ERP 안정화 이후 회사의 경영혁신을 위한 IT 관련 후속작업을 더 진행하였다면 어떠했을까?

이렇게 되었을 경우 아마도 해당 회사는 ERP 안정화 이후 원청업체(ERP를 사용하고 있을 확률이 매우 높을 것이다)나 하도급업체와의 SCM을 통한 IT연동 시너지, 전략적인 구매 관리를 위한 SRM, 방대한 ERP 데이터를 활용한 고객관계관리(CRM)와 같이 거대한 ERP 데이터와 ERP 기능을 통한 추가적인 업무 개선 및 혁신 작업을 계속 진행해서 시스템 경영이 꽃을 피우게 만들 수도 있었을 것이다.

즉 경영자는 ERP 오픈 후 해당 프로젝트를 진행했던 인력에 대한 관리에 좀 더 신경을 써야 한다.

"ERP가 돈은 투자가 많이 되고, 직원 이탈율도 올라가는 원흉이

군." 이런 생각이 있는 경영자라면 그냥 기존 시스템을 계속 활용하는 것이 더 맞을 것이다.

하지만 이제는 IT기술의 활용이 업무에 대한 지원만 하는 시대가 아니다. 회사의 매출에 직접적인 연관관계가 있도록 활용해야 하고, 그렇게 할 수밖에 없는 시대이다.

프로젝트는 사람이 하는 것이다. ERP는 단지 도구일 뿐이다. ERP 시스템과 직원은 인과관계가 그리 크지 않을 것 같지만, 사람에 대한 투자와 관리를 등한시해서는 ERP 효율화를 기대하기 어렵다.

어느 기업의 광고 카피 '사람이 미래이다'라는 말처럼 경영자는 진심으로 직원을 도구가 아닌 주체로 비전을 주어야 ERP는 그 직원과 함께 해당 조직에 시너지를 가져다 줄 수 있다.

아래의 내용은 본인이 보통 프로젝트를 제안할 때나 Kick Off 시 임원진에게 발표할 때 장표 중 "ERP 프로젝트 성공 요소" 중 인원과 관련하여 설명할 때 자주 언급했던 자료이다.

Priority 1: TFT인원에 대한 동기부여

TFT 인원은 현업의 업무부담을 그대로 안은 채 프로젝트를 수행해야 하는 구조적인 문제에 봉착하는 경우가 대부분입니다. 따라서 개인적인 업무자세를 논하기 전에 이중적인 업무부담에 대한 공식적인 보상체계가 공지되는 것이 가장 현실적인 방안이라 판단됩니다.

TFT인원의 이슈	원인
• 현업과 프로젝트의 이중 업무부담으로 인한 적극적인 자세가 어려움 • 프로젝트 완료 후 PI의 현업복귀 시 자신의 위치에 대한 불확실성 및 불안감	• 프로젝트팀원에 대한 • 동기부여 부족

 1차 대응방안

TFT 인원의 Full-time 참여보장

가장 기본적인 방안

  2차 대응방안

TFT인원에 대한 보상체계 공지

인센티브, 표창장, Promotion 기회제공 등
ERP 성공을 이룬 대부분 기업에서 사용

 Priority 2: 임원진의 지속적인 관심과 지원

기업 전반에 미치는 ERP의 파급 효과와 변화의 크기를 고려할 때, 자신이 속한 조직의 목표 달성에 치중하는 기존의 관행에서 벗어나 보다 통합된 관점에서 새로운 프로세스의 목표 달성에 중점을 두어야 합니다. 특히 경영진의 지속적인 관심 및 지원이 프로젝트 수행에 있어 필수 불가결한 성공요소가 될 것입니다.

- 임원진의 지원이 ERP 프로젝트의 가장 중요한 성공조건
- 임원진의 ERP Project에 대한 지속적인 관심과 적극적인 지원
  임원진의 애정 어린 관심표명 중요
  (주요 보고회나 회의석상에서 TFT인원에 대한 직접 독려, e-mail을 통한 수시 격려 등)
- 프로젝트 팀에 프로젝트 팀원의 인사고과 권한 부여
- 추진위원회에 상정되는 이슈에 대한 신속한 의사결정

과연 ERP는 기업 경영에 도움이 되는가 #2

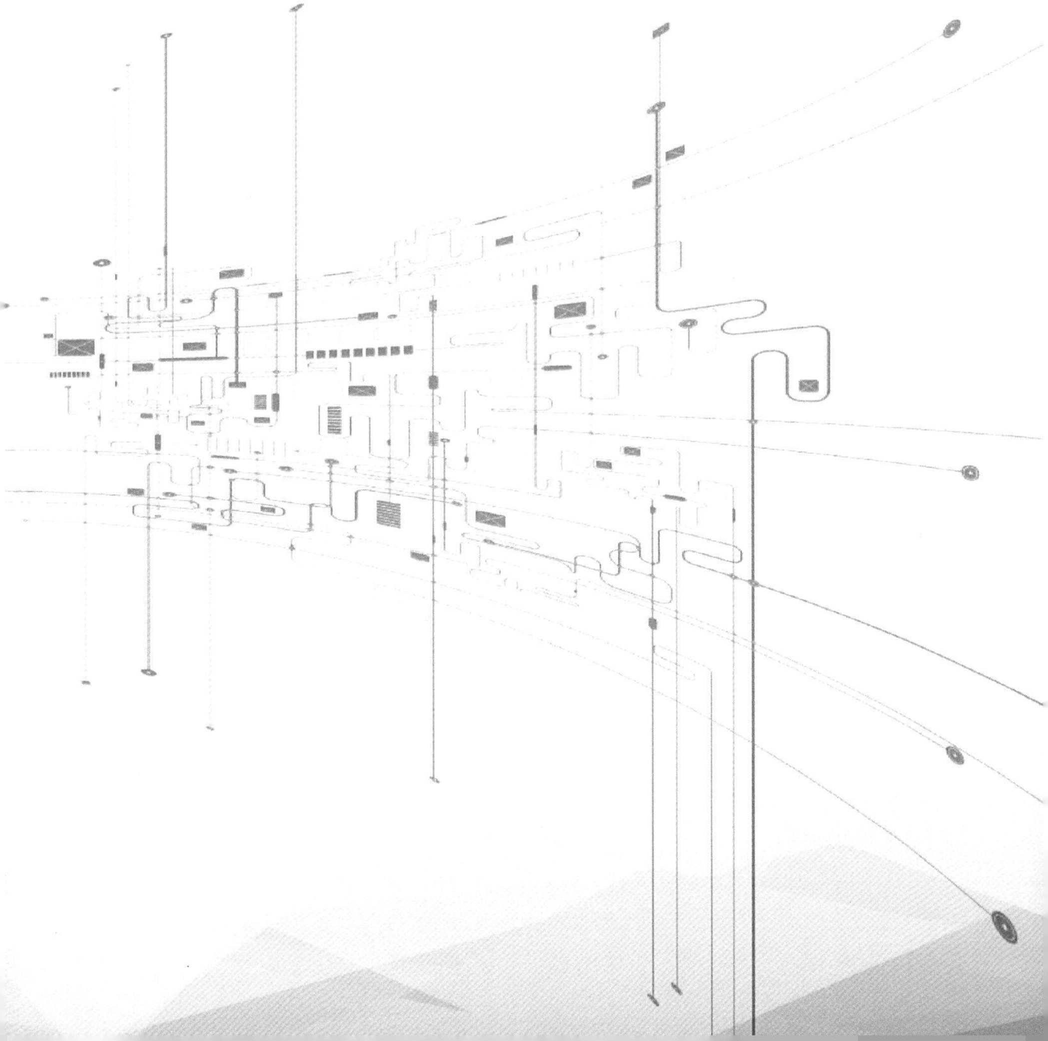

이번에는 실제 프로젝트 사례를 통해서 설명하겠다.
아래의 사진을 한번 살펴보자.
사진에서 보이는 노트북에서 느껴지는 것이 무엇일까?

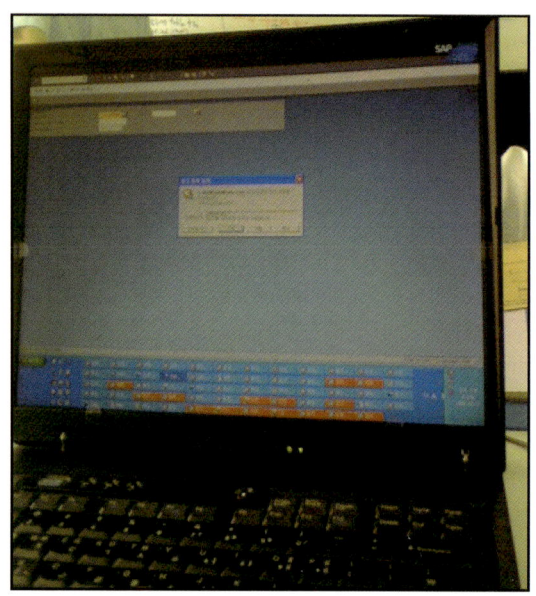

노트북 화면에는 ERP 화면이 크게 보이고 있고, 화면 하단을 보면 메신저 창이 무수히 많이 켜져 있는 것이 보인다.

위 화면은 실제로 1년여간의 ERP 프로젝트를 진행하고 힘들게 ERP를 오픈 한 지 며칠 되지 않았을 무렵의 프로젝트 TFT 인력의 실제 노트북 화면이다.

위 사진에서 보이는 수많은 메신저 창은 ERP 오픈 후 실제 사용자들이 시스템 문의를 위해 프로젝트 TFT 인력에게 문의 관련 메신저를 하고 있는 사진이다.

노트북 옆의 전화기는 쉴 새 없이 계속 울리고 있고, 담당 컨설턴트, 담당 현업 PI의 휴대폰은 쉬지 않는 통화로 열기를 뿜어내고 있었다.

오픈 후 위와 같은 상태가 몇 주 동안 계속 이어지자 사용자들의 온갖 불평 불만이 폭발 직전이었고, 실패한 프로젝트라는 의구심이 나오기 시작했으며, ERP 무용론까지 고개를 들기 시작했다.

그 뒤로 1년이 지났고, 신문에 다음과 같은 타이틀로 기사가 실렸다.

"생활가전 업체인 XX. 재고만 줄였더니 원가 226억 절감!"

이 회사는 ERP 오픈 초기 3개월 가량은 기준 정보 이슈와 해당 회사 특이 프로세스 처리를 위해 개발한 프로그램의 오류가 심하여 상당한 아픔을 감수하였다.

하지만 안정화 기간을 거치며 ERP 구축 후 금전적 이익까지 발생되기 시작하였는데, 특히 재고자산 관리에서 많은 효율을 보았다.

이 부분을 잠깐 설명하겠다.

해당 회사는 CPG 산업군의 대표적 B to C 회사이다.

이 회사는 해당 회사에서 제조한 제품을 판매하고, 판매 후 유지보수 서비스가 매우 중요하였다. 판매 후 해당 제품의 소모품을 항상 주기적으로 교체해 주는 서비스가 필요하였다.

소모품은 공장에서 생산하여 일단 물류센터에 보관하였다가 각 영업지점에서 필요 수량 요청 시 배송을 하는 프로세스였다.

ERP 구현 전에는 각 영업지점의 소모품 교체를 담당하는 정비기사가 본인이 교체해야 하는 고객 대상을 체크하고, 이에 맞도록 소모품 재고를 보유해야 했다.

즉 예를 들어 A 영업지점에 소속되어 있는 홍길동이란 정비기사가 본인이 고객을 방문하여 교체해야 할 소모품이 10개인데, 보유 중인 재고가 6개라고 하면 물류센터에 4개의 추가 배송을 요청하였다.

만약 물류센터에서도 소모품 재고가 부족할 경우 물류센터에서는 생산공장에 해당 소모품의 제조를 요청하여, 물류센터 수령 후 각 영업지점으로 배송하는 프로세스였다.

상식적으로 큰 무리 없는 프로세스이다.

하지만 위의 사례를 다시 살펴보면 A라는 영업지점에 귀속되어 있는 홍길동 정비기사가 보유한 재고가 6개이고, 실제 10개가 필요한데, 4개가 부족했던 동일 시간에 사실 근거리에 있는 B 영업지점의 해당 소모품 재고수량은 필요한 재고 대비 20개나 더 가지고 있었다.

만약 A 영업지점의 홍길동 정비기사가 근거리에 있는 B 영업지점에 위와 같이 재고가 부족함 없이 남아 있다는 사실을 실시간으로 알고 있다면, 바로 전산상에서 B 영업지점과 A 영업지점간의 해당 소모품에 대한 재고자산 이동 요청을 할 수 있었을 것이다. 이렇게 되면 물류센터에 추가 재고보충 요청을 하지 않아도 될 것이고, 배송을 위한 물류비도 들지 않았을 것이고, 물류센터에서는 제조공장에 추가 생산을 요청하지 않아도 되었을 것이다. 따라서 당연히 추가 제조를 위한 비용도 발생하지 않았을 것이다.

해당 회사는 ERP 프로젝트를 진행하면서 물류센터의 재고 요청 전 거점 영업지점 간의 실시간 재고 수량을 인지할 수 있도록 기능을 구현하였다.

이렇게 되자 물류센터의 부진재고가 없어졌고, 안전재고 개념을 도입하게 되어 정확한 요구수량만 생산하는 프로세스로 개선이 이루어졌다.

큰 아이디어가 아닌 프로세스 개선 사례라고 볼 수 있다.

이 회사가 이를 통해 절약한 재고자산 절감액이 226억 원이었고, 이것이 각종 신문에 프로세스 개선 성공사례로 소개되었다. 그 당시 이 회사의 매출은 9천억 대 정도였다.

해당 회사의 ERP 프로젝트를 통한 또 다른 개선 효과를 하나 더 설명한다.

해당 회사는 정비기사가 고객을 방문하여 교체해 주는 소모품에도 생산 시 POP 시스템을 통해 각각의 소모품 별로 바코드를 붙여서 고유시리얼 번호를 관리하도록 하였고, 이 바코드의 고유시리얼 번호를 기준으로 생산, 물류, 영업, 정비까지 관리되도록 하였다.

이렇게 되자 각각의 재고자산 별로 Full Life Cycle 관리가 가능해 졌다. 즉 언제 어떤 공장에서 어떤 생산라인에서 언제, 누가 생산하였는가를 관리할 수 있게 되었고, 생산 담당자는 본인이 생산했던 제품이란 것이 생산부터 최종 소비자 수령 후까지 알게 되므로, 생산 업무 시 본인이 만든 제품의 불량에 대해 더욱 신경을 쓰게 되었다. 또한 제품 하나 하나에 대한 불량의 원인을 쉽게 파악할 수 있었고, 물류 배송 시에도 현재 해당 재고자산이 어디에 위치하고 있는지를 정확히 알 수 있었다. 또한 고객에게 설치가 된 재고자산 고유번호가 관리되므로 해당 재고자산별 예방정비 이력이 관리가 되면서 고객이 어떠한 제품 사용 특성에 기인해서 어떠한 제품의 유지보수가 더 필요한지를 전산상에서 쉽게 알게 되었고, 결국 고객에게 상당한 설치 후 서비스 만족을 주게 되었다.

또한 만약 고객에게 설치된 재고자산이 회사 소속의 재고자산으로 리스를 하는 경우 월 결산 시 자동으로 재고자산별 감가상각비가 계산될 수 있었다. 이러한 ERP 고유 기능으로 해당 재고자산별로 정확한 원가 귀속도 가능하게 되었다.

물로 위의 프로세스 개선은 계속 이야기하지만 누구나 조금만 생각하면 개선할 수 있는 항목일수도 있다.

하지만 ERP의 기본 기능이 위와 같은 처리를 당연히 지원하므로, 쉽고 빠르게 위의 개선 프로세스를 전산에 적용하고 활용할 수 있었다.

해당 회사는 위와 같은 프로세스 개선으로 다시 100억의 재고자산 관리의 절감 효과를 본 것이다.

하지만 무형의 고객 만족과 인지도 상승을 통한 매출 향상은 더욱 크다.

해당 회사는 1년여간의 프로젝트 시 대략 100억을 투입하였다. 재고자산 관리의 개선 하나만으로도 프로젝트 비용을 불과 1년 후 모두 회수하고 몇 배의 효과와 이익을 더 창출한 것이다.

  하지만 앞에서 본 사진의 아우성치는 메신저가 말하듯이 오픈 후 초반은 지옥의 고난길을 거쳐서 이루어낸 성과이다.

제9장
나의 컨설팅 입문기

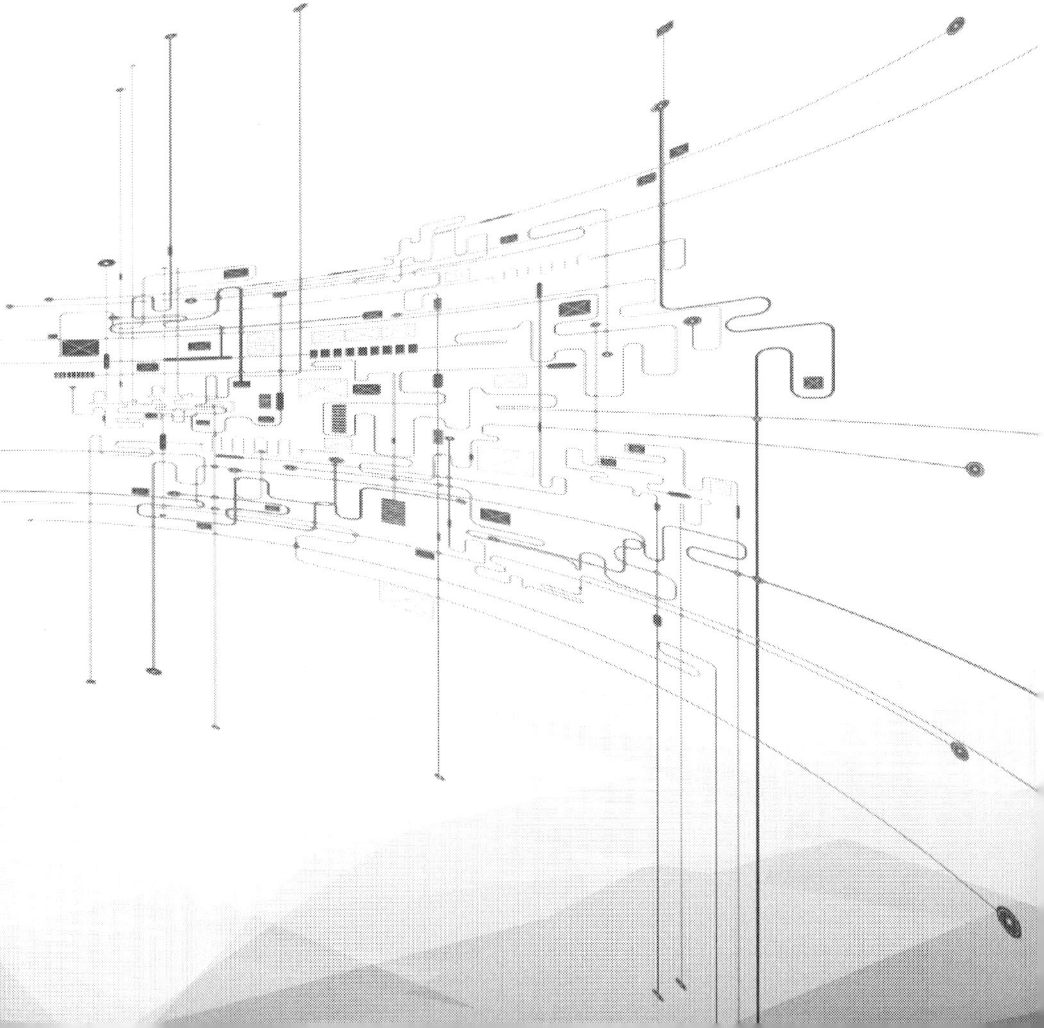

1. 첫 직장과 첫 번째 프로젝트

일단 내가 ERP 컨설팅 분야에 어떻게 들어오게 되었나를 한번 이야기하고 싶다.

이를 통해서 현재 필드에서 뛰고 있는 여러 컨설턴트들이 본인의 ERP 분야 입문 추억을 회상하거나 이제 대학을 마치고 ERP 분야에 도전하는 사람들이 부담 없이 평범한 한 개인이 어떻게 ERP 컨설팅 분야에 입문하였고 실력을 키워왔는지를 타산지석으로 생각해 주었으면 좋겠다.

나는 대학교 4학년이던 시절인 1995년 1학기 늦봄 무렵에 취업이 확정되었다.

그 당시는 우리나라 경기가 매우 좋았을 때였는데, IT 관련 이공계 출신은 대학 4학년 때 이미 대부분 취업이 확정되었을 정도였다. 솔직히 운이 좋은 시절이었다.

나는 이미 삼성그룹의 IT 계열사인 당시 회사명으로 삼성데이터시스템즈(SDS)에 취업이 확정되어 있었다.

대학 4학년 때 이미 취업이 확정되었으므로 나머지 학기 내내 펑펑 놀다가 1996년 1월 초에 삼성그룹 신입사원 합숙 연수를 받으며 본격적인 직장 생활을 시작했다. 그룹 연수 후 이어지는 각종 교육과 시험 등을 거치며 월급을 축내던 신입사원 시절인 1996년 늦가을 11월경에 나는 갑자기 내 생에 최초의 ERP 프로젝트에 투입되었다.

그 당시 투입된 ERP 프로젝트는 정확하게 SAP라는 ERP Solution을 사용하고, SAP version은 3.1h Version이었으며 삼성전자 인도법인의 SAP ERP 구축 프로젝트였다.

국내에 외산 ERP 중 SAP ERP가 소개된 것은 1994년 삼성전자 광주 백색가전 공장의 SAP ERP 구축 프로젝트가 거의 처음이었으니 불과 2년 후인 1996년에 내가 ERP를 접하게 된 것은 현재 필드에서 뛰고 있는 컨설턴트들과 비교해도 꽤 경력이 오래되었다고 생각한다.

프로젝트 사이트가 인도 뉴델리였는데, 그때 태어나서 처음으로 외국으로 나가는 비행기를 타봤고, 새벽 4시 경에 도착한 뉴델리 근처의 국제공항에서 긴장하며 맡았던 그 매연 냄새는 아직도 기억에 선하다.

왜 그렇게 긴장을 했느냐 하면 솔직히 나는 그때까지 회사에서 SAP ERP 관련 영문 매뉴얼만 지나가다가 읽어보았지, 화면이 어떻게 생겼고 어떻게 로그언을 하는지도 몰랐다.

또한 가장 큰 이슈는 업무를 하나도 모른다는 것이었다. 이 상태에서 나의 사수를 모시고 첫 프로젝트에 투입된 것이다.

이러한 환경이니 신입사원이 당연히 새벽녘 비행기 속에서 뜬눈으로 밤을 지새우고 공항에 내려서 긴장하는 건 당연했다. 처음에 내가 담당했던 업무 프로세스는 SD(Sales & Distribution) Module이라고 불리는 영업 관련 프로세스였다.

하여튼 새벽에 도착해서 호텔에 짐을 풀고 잠깐 눈을 부친 후 아침에 삼성전자 뉴델리 법인으로 출근했다.

삼성전자 뉴델리 법인에는 함께 일할 인도 현지 현업들과 IT인력이 이미 프로젝트 팀원으로 결정되어 있었다.

나를 포함하여 한국에서 투입된 SDS 소속 업무 컨설턴트들과 인도현지 프로젝트 멤버들과의 첫 대면 후 바로 AS-IS 업무 조사가 한달 가량 이루어졌다. 이 한 달 동안은 SAP ERP를 사용할 필요가 없고, 단지 업무 분석 및 GAP 도출 작업만 이루어졌으므로 무지나 다름없는 나의 실력은 그나마 포장이 가능했다. 또한 함께 투입된 선배들이 진두지휘하면서 업무 분석 미팅을 진행하니 나는 가끔 가다가 통역을 하거나 영문 문서 작업 등을 하면서 하루하루를 보냈다. 그리고 퇴근하고 호텔로 돌아가면 밤새워서 ERP 관련 메뉴얼을 읽어가며 선배들에게 물어가며 공부를 했다. 그렇게 한 달을 보낸 후 다시 한국으로 대략 1주일간 귀국하였는데, 그때 나의 담당 업무 모듈이 영업 관리(SD) 모듈에서 재무회계(FI : Finance) 모듈로 변경되었다. 변경된 이유는 인도가 워낙 땅이 넓어서 영업 물류 관리 프로세스 중 거점 물류센터 기준으로 각 지점별 배송망 프로세스를 설계하기에는 비록 고참 컨설턴트가 있더라도 신입사원이 첫 경험으로 프로젝트를 수행하기가 힘들다는 이유에서였다.

따라서 1주일간 한국에서 2차 출장 준비를 마친 후 다시 인도로 갔을 때 나는 재무회계 담당 컨설턴트로 가게 되었다. 한 달 가량 함께 일했으므로 어느 정도 친해진 인도 팀원들은 나에게 왜 담당 업무가 변경되었냐고 물어보았다.

나는 무덤덤한 표정으로 "SD를 너무 많이 해서 이젠 약간 실증이 나 FI로 바꿨다."고 이야기했다.

옆에서 듣던 고참들이 속으로 씨익 웃는 느낌이 들었다.

자, 이제부터는 재무회계 관련 컨설턴트로 일을 해야 하고, 이번에는 지난번 한 달과는 다르게 ERP 시스템에 대한 교육도 해야 하고, To-Be process를 ERP 시스템으로 테스트까지 해보는 Prototyping까지 해봐야 한다. 하지만 아직 ERP 시스템 로그인도 해 보지 못한 나로서는 이제 밤샐 일만 남은 것이었다. 두 번째 출장 때 나는 두 권의 책을 준비해서 가지고 갔다. 하나는 상업고등학교에서 가르치는 상업 부기 책 중에서 가장 페이지가 적고 쉽게 설명한 책 하나, 그리고 선배들이 베트남에서 프로젝트 할 때 만들어 놓은 ERP 사용자 매뉴얼.

나에게 이 두 권의 책은 성격과도 같았고, 이 책들을 호텔에 돌아오면 거의 날밤을 새면서 읽고 다음 날 회사로 출근하면, 오전엔 밤에 읽었던 부분에 대한 ERP 업무 테스트를 혼자 해보고, 오후에는 그 해당 프로세스를 인도인들에게 교육시키고, 교육 시 나왔던 질문은 취합하여, 다시 밤에 선배들에게 물어보고 그 다음날 답을 주었다.

이러한 생활을 두 달 가량했는데, 노력이란 것이 천부적인 재능을 앞서는 것인지, 프로젝트는 그럭저럭 진행이 잘 되었고, 선배들도 신입사원으로 최초 프로젝트치고는 잘 한다는 인정도 받았고,

무엇보다도 인도 현지인들과도 좋은 관계를 유지하며 나머지 프로젝트 기간을 함께 보낼 수 있었다. 비록 외국인이 나의 카운터파트였지만 그 당시 내가 유지했던 대 고객 태도는 항상 경청하고, 외국 프로젝트였으므로 해당 나라 문화를 먼저 이해하고, 먼저 다가가기였다.

나중에 프로젝트가 마무리되고 회식을 할 때 나와 함께 일했던 재무부서 인도 현지인과 IT인력은 이렇게 말하였다. "네가 솔직히 이번 프로젝트가 거의 초짜였다는 것은 초반부터 알았다. 하지만 네가 우리를 위해 진심으로 노력해준 것은 그 어떤 최고 경력의 컨설턴트보다 나았다."

나의 첫 번째 ERP 프로젝트는 1996년 11월에 시작하여 1997년 5월경에 위와 같이 끝났다.

참고로 그 당시 프로젝트를 함께 했던 인도의 IT 인력은 프로젝트가 끝나고 정확하게 6개월 만에 모두 퇴사하여 미국으로 진출하였고, 대부분이 미국의 global top 5 안의 컨설팅 회사에서 일을 한다.

요즘은 그래도 덜 하지만 위와 같이 ERP 프로젝트가 끝나고 났을 때 참가한 해당 인력의 눈높이를 회사에서 맞춰주지 않을 경우 비싼 시스템 구축하고, 그것을 운영할 인력난에 빠질 수도 있다.

하여튼 첫 번째 프로젝트를 인도에서 끝내고 난 뒤 나는 한국으로 들어오지 못하고 바로 말레이시아로 날아갔다. 말레이시아에는 삼성전자의 현지 회사 두 곳에 대한 ERP 프로젝트가 진행되었는데, 마이크로오븐 생산 공장과 컴퓨터 모니터 생산 공장에 대한 프로젝트였다. 그 회사의 거리가 서울과 대전 정도였는데, 1년여 동안 진행 된 프로젝트였고, 이 프로젝트에서는 선배 없이 직접 내가 재무회계 모듈을 담당하여 프로젝트가 진행되었다.

2. 두 번째 프로젝트와 이직의 유혹

두 번째 프로젝트를 혼자서 두 개 회사에 ERP를 구축하는 프로젝트를 하면서 지금 생각하면 정말 많은 실수를 하면서 프로젝트를 진행하였다. 하지만 두 번째 프로젝트를 거치면서 업무적인 이해도나 현업을 상대하는 스킬이 많이 향상되었다.

이때 Part Time으로 함께 일한 인도계 컨설턴트가 있었는데, 이 컨설턴트는 To-Be Process와 GAP 분석을 할 때 잠깐 투입되어 나와 함께 일을 하였다.

이 사람을 만나면서 나는 IT 전문 컨설팅 회사에 들어가기로 마음을 먹었다.

이 당시 이 인도 컨설턴트와 몇 주를 지내면서 많은 이야기를 들었는데, 당시 나는 미국 쪽의 Global 컨설팅 회사로 career path를 잡았다. 일단 영어를 많이 사용하는 환경에서 일하고 싶었고, 미국에서 뜨는 Job Offer가 상당히 많았으며, 특히 ERP 컨설턴트는 미국의 H1B 비자를 받기도 상당히 괜찮은 위치였다.

또한 그 인도 컨설턴트의 연봉이 나를 매료시켰다. 그 사람의 그 당시 하루 Consulting Fee가 한국 돈으로 환산을 해도 그 당시

내 월급보다도 훨씬 많았다.

이러니 당연히 폼나게 보였을 수밖에……

하지만 말레이시아 프로젝트가 나의 두 번째 프로젝트였으므로 경력을 더 쌓을 필요가 있었다. 그래서 일단은 1년여의 말레이시아 프로젝트에서 좀 더 배우기로 하였는데, 내 미래를 결정한 프로젝트가 말레이시아 프로젝트였다.

말레이시아 2개 회사에 대한 ERP 구축 프로젝트는 거의 1년간에 걸쳐서 진행되었다. 비록 나에겐 2번째 ERP 프로젝트였지만 2개 회사를 함께 구축하다보니 남들이 여러 번에 걸친 프로젝트에서 할 수 있는 경험을 농축해서 경험할 수 있었다. 왜냐하면 N개의 법인을 동시 진행하게 되므로 consolidation 측면의 지식도 얻을 수 있었고 양쪽 회사의 현업, 전산실 인력을 계속 번갈아가며 만나 일하다보니 동일한 프로세스를 현업의 특징에 따라 다른 설계가 가능할 수 있다는 것이나, 상이한 프로세스를 template화시켜서 동시에 동일한 프로세스로 구축을 할 수 있는 경험 등을 얻을 수 있었다.

물론 서울과 대전 거리를 2-3일 간격으로 왔다갔다 하다 보니 피곤함으로 인한 졸음운전이나 폭우 등의 악천우로 인해 고속도로에서 죽을 고비도 넘겼다.

말레이시아에서 1년여에 걸쳐 2개 회사에 대한 프로젝트를 마무리 한 후 다음 프로젝트는 호주였다.

그 당시 호주는 2000년 시드니 올림픽을 준비하고 있었는데, 삼성전자의 판매법인은 올림픽이 열리는 지역 가까이에 위치하고 있었다.

인도와 말레이시아 2개 회사를 거치면서 프로젝트를 했더니 이젠 ERP 프로젝트에 대한 경험이나 지식 등이 많이 생겨서 호주 프로젝트는 상당히 쉽게 접근할 수 있었다. 특히 생산이 없는 판매법인이다 보니 제조원가 관련 프로세스가 없으므로 더 손쉬운 프로젝트였다. 호주 프로젝트는 1998년 8월경부터 진행되었는데, 호주 프로젝트 중에 나는 중대한 결심을 실행했었다. 즉 원래 꿈꾸던 것처럼 미국의 global consulting firm으로 옮기는 작업을 시작했다. 우선 호주에서 직접 인터넷 상으로 미국의 global firm의 head hunter를 물색하여 나의 CV를 보내기 시작했고, 대부분은 일주일 정도 안에 나의 CV에 대한 feedback이 왔다. 그 중에서 미국의 한 컨설팅 회사에서 인터뷰 제의가 왔다. 인터뷰는 3단계로 진행되었는데, 내가 호주에 머물고 있다 보니 미국으로 직접 가서 인터뷰를 보지는 못하고 전화로 인터뷰를 진행하는 방식이었다. 1차 인터뷰는 해당 미국 컨설팅 회사의 Project Manager급의 컨설턴트가 나를 인터뷰 했다. 다행히 1차 인터뷰를 진행했던 사람은 인도 사람이었는데, 내가 인도 프로젝트 경험이 있고, 약간의 인도말을 했더니 인터뷰는 상당히 긍정적으로 진행되었다. 한 시간 가량 인터뷰가 진행되었는데, 그 다음날 메일로 1차 인터뷰에 대한 결과가 통보되었다. 내용은 1차 인터뷰를 pass했으니 몇 월 며칠 몇 시에 2차 인터뷰를 준비하라는 것이었다. 2차 인터뷰는 특정 산업군을 책임지고 있는 리더와 인터뷰가 진행된 것으로 기억나는데, 전화 인터뷰의 발음상으로 느끼기에 전형적인 미국인 같았다. 솔직히 말이 너무 빨라서 무엇이라고 말하는지 반은 알아

듣고 반은 추측하면서 인터뷰를 진행했다. 2차 인터뷰 때는 내가 한국에 잠깐 들어와 있을 때 진행되었다. 새벽 2-3시에 전화로 내 방에서 땀 뻘뻘 흘리며 인터뷰를 끝낸 것으로 기억난다.

솔직히 2차 인터뷰는 통과가 될지 의문이었다. 며칠 후 결과가 나왔다. 나의 예상처럼 그 미국 컨설팅 회사에서는 나에게 "당신은 ERP Implementation 지식은 상당히 뛰어난 것으로 이해가 된다. 따라서 함께 일했으면 좋겠으나 컨설턴트의 Position은 입사 후 좀 더 지켜보고 정했으면 좋겠다. 왜냐하면 당신은 프로젝트에서 함께 일하게 되는 고객사 사람들과 상당히 많은 커뮤니케이션을 하면서 ERP를 이해시키고, 프로세스를 정립하고, 이슈를 해결해야 하는데, 영어가 그 정도가 되지 않는다. 따라서 당신에게 컨설턴트가 아닌 configurator의 position을 제안한다."

라는 인터뷰 feedback이 날아왔다.

만약 내가 이 제의를 수락하면 3차 인터뷰는 미국으로 직접 들어가서 보게 된다. 물론 인터뷰 관련 항공티켓 등의 제 비용은 미국의 해당 회사가 부담하여 나를 초청하는 것이다.

하지만 나는 고민에 빠지기 시작했다. configurator라는 role이 마음에 들지 않았기 때문이다. 만약 내가 한국에 있는 외국계 컨설팅 회사에 지원을 하면 아마도 영어에 대한 인터뷰 시의 부담이 덜 할 것이므로, 아마도 한국에 위치한 외국계 컨설팅 회사는 입사하기가 조금이나마 손쉬울 것이다.

그렇다면 나는 미국의 컨설팅 회사로 일단 들어가서 언어적 능력을 포함하여 공부하면서 컨설턴트로 positioning 하기 위해 노력을 더 할 것인가 아니면 한국의 외국계 회사에 바로 들어갈 것인가?

이러한 고민 중에 한국은 IMF 충격의 나래로 떨어지고 있었고, 주가는 미끄러지고 환율은 급등하는 상태에 놓여 있었다. 실례로 호주 프로젝트를 나갈 때 출장 가지급금을 환율 800원대에 받았는데 한 달 반 정도 후에 한국에 들어올 때는 1800원대에서 거의 2000원을 바라보고 있을 정도였다. 그 때 회사는 희망퇴직을 모집하고 있었다. 희망퇴직의 조건이 상당히 좋았는데, 퇴직금에 추가적으로 6개월치 월급을 더 포함시켜 주는 조건이었다. 당연히 나는 외국계 컨설팅 회사로의 이직을 생각해 두고 있었으므로 희망퇴직을 모집할 때 퇴직하는 것이 더 나을 듯했다.

이때 아마도 삼성SDS에서 시장으로 쏟아져나온 ERP 컨설턴트가 상당히 많았을 것이다. 희망퇴직을 하는 것은 문제가 아닌데, 그 당시 나는 새로 입사할 회사를 정하지 않고 미국 쪽의 확정오퍼도 아닌 미국 측 제안만 받고 확정되지도 않은 상태였으므로 희망퇴직을 먼저하고 계속 job을 찾을 것인가 아니면 job을 구하고 퇴직을 할 것인가로 망설였다. 하지만 최종적으로 희망퇴직을 하기로 결정하고 향후 입사할 회사를 선택하지도 않은 상태로 퇴사했다.

물론 퇴직금은 6개월치 월급을 포함해서 받고서다.

3. 전문 컨설팅 회사로!

그리고 미국 쪽 컨설팅 회사로 가는 것은 일단 포기했다. 왜냐하면 이미 나는 퇴사를 했고, 비록 미국 쪽 회사의 인터뷰에 통과를 하더라도 취업비자를 받기 위해서는 상당히 많은 기간을 기다려야 했으므로 자연히 포기하게 되었다.

퇴직 후 내가 새로운 직장을 구하는 것은 딱 2주일 걸렸다. 즉 IMF시절임에도 불구하고 백수 생활을 길지 않게 2주 정도 하고 다시 job을 쉽게 구한 것이다. 역설적으로 그만큼 대부분의 업종에서 시장 경기는 IMF의 직격탄을 맞았어도 IT 컨설팅 시장에서의 신규 인력 요청은 목이 말라 있던 상태였다. 나는 더 이상 미국의 컨설팅 회사에 미련을 버리고 한국에 있는 컨설팅 회사에서 전문 ERP 컨설턴트로서의 생활을 시작하게 되었다.

삼성을 나와 외부 컨설팅 회사에서 진행하는 여러 산업군에 대한 컨설팅은 나에게 많은 지식을 얻게 해 주었다. 하나의 회사의 해외지사 위주의 프로젝트에서는 얻을 수 없는 많은 산업별 프로세스를 해당 고객사의 프로젝트를 거치며 점점 연마할 수 있었다.

그 뒤로 현재까지 20여 년 동안 나는 정확하게 4번 회사를 옮겼다.

그 중에는 외국계 컨설팅 회사도 있고, 외국계 컨설팅 회사에서 퇴사하고 직접 토종 컨설팅 회사를 만들어보기도 했다. 또한 특정 모듈(업무 영역별) 컨설턴트에서 시작해서 많은 산업별 프로세스를 경험하면서 Integration Manager를 거쳐서, Project Manager의 role을 거치고, ERP 분야의 Sales와 마케팅 업무까지 맡아서 해볼 기회가 있었고, 현재는 특정 회사에서 IT컨설팅 본부를 책임지는 임원으로 이 업계에서 계속 일을 하고 있다.

지금도 진심으로 나는 나에게 IT 컨설팅 업계에서 일을 할 수 있는 원동력을 준 삼성SDS라는 회사에 마음 깊이 감사한 마음을 가지고 있고, 지금까지 많은 프로젝트에서 함께 일하면서 만난 많은 지인들로 인해 행복하다. 솔직히 한 회사에서 특정 업무를 동일 기간 동안 하는 것보다 컨설팅 회사에서 수많은 회사의 수많은 사람들과 함께 일하면서 알게 된 업무 지식과 지인들은 향후 내가 어떤 사업을 직접 하더라도 도움이 되는 자산이다.

제10장

좋은 현업 파트너와 좋은 컨설턴트란

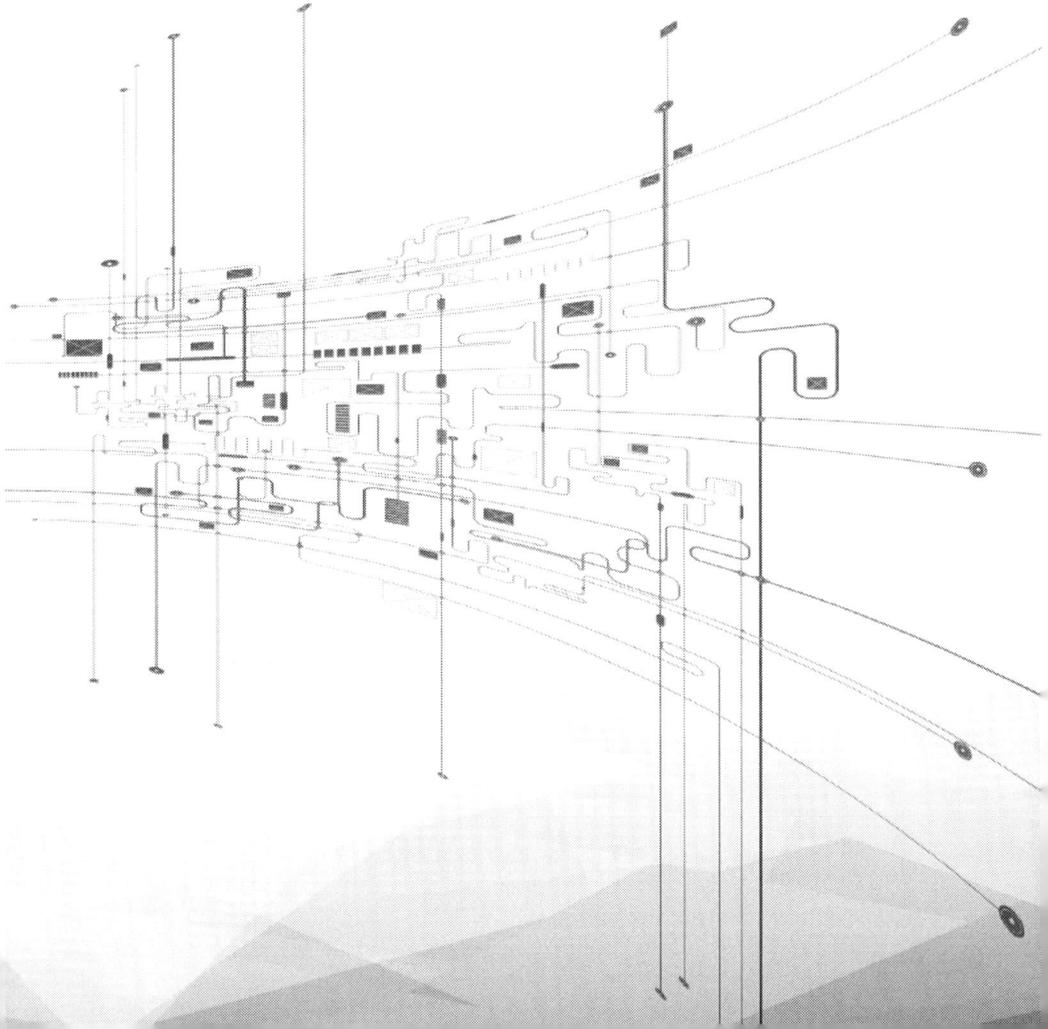

프로젝트는 소위 인간 군상들이 모여서 진행된다. 따라서 수많은 개성을 가지고 있는 사람들이 서로 얽혀서 많은 공동의 작업이 이루어지게 되며, 많은 회의가 진행 되고, 회의 시 많은 이슈에 대한 토론과 논쟁이 펼쳐진다.

프로젝트의 마지막 단계로 갈수록 점점 스트레스 강도는 심해지고 야근은 점점 심해지며, 이에 따라 온순했던 사람도 스트레스로 인해 신경질적으로 변하기도 한다.

보통의 프로젝트가 이렇다면 그 프로젝트에 참여하게 되는 현업 담당자나 컨설턴트 본연의 성격도 프로젝트의 성패에 많은 영향을 주게 된다. 즉 ERP Package의 장점을 떠나서 참여한 인간 군상의 개성에 따라 잘못하면 프로젝트가 망치게 될 수도 있다는 의미이다. 이처럼 프로젝트에 참여하는 현업과 컨설턴트의 개성과 성격은 매우 중요하다

그렇다면 우선 프로젝트를 성공적으로 이끌 수 있는 좋은 현업 파트너는 어떠한 사람일까?

1. 좋은 현업 파트너

ERP 프로젝트는 업무 프로세스를 잘 하는 해당 고객사의 현업 담당자와 컨설턴트가 함께 일하게 된다.

좋은 현업 파트너란 컨설턴트 입장에서 정의할 수도 있고, 해당 회사의 입장에서도 정의할 수가 있다.

상식적으로 컨설턴트 입장에서 좋은 현업 파트너는 프로세스를 디자인할 때 합리적으로 이해하고 ERP의 사상을 잘 따라주는 사람이 좋은 현업 파트너가 될 것이다.

하지만 해당 기업 입장으로는 기업에서 필요로 하는 프로세스를 담당 컨설턴트로부터 가장 많이 요구하여 구축되도록 하는 현업 담당자가 좋은 현업일 수도 있다.

우선 그동안 프로젝트 사이트에서 만났던 현업 파트너들을 케이스별로 살펴보겠다.

● 타 프로젝트 레퍼런스 신봉 현업 스타일

본인의 지인이 근무하는 유사 업종을 스스로 벤치마킹해서 그 회사와 동일한 프로세스로 구현을 하자고 무조건 우긴다. 그런데 알고 보면 그 회사는 두 배의 기간과 두 배의 인력이 투입되어 진행된 프로젝트이거나 아니면 프로젝트가 끝난 후 안정화를 거쳐서 이미 운영 단계에 와 있으며 운영을 하면서 운영 대행사나 내부 전산실에서 시간을 가지고 점진적으로 추가한 프로세스를 무조건 구축해야 된다고 하는 경우가 많다.

● 나보다 더 많이 하는 사람 나오라고 해 스타일

회사에서 꽤 오랫동안 동일한 업무를 맡아서 그 누구도 본인보다 더 깊게 알지 못한다며 본인이 제시하는 요구사항이 정답이라고 무조건 우긴다. 그런데 막상 컨설턴트 입장에서 보면 너무 외고집적인 전 근대적 프로세스를 고집하는 것을 알 수 있다.

● 네가 다 해 스타일

공기업에 근무하는 사람이 읽으면 기분 나쁠 수 있으나, 솔직히 공기업 프로젝트에서 많이 나오는 유형이다. 본인의 직급이나 연배가 높기 때문에 직접 하지 않고 무조건 나이 어린 밑의 사람이나 컨설턴트에게 알아서 해 달라고 떼를 쓴다. 따라서 프로젝트가 끝난 후 본인이 맡았던 프로세스 부분에 문제가 발생할 경우(프로젝트를 잘 했던 잘못했던 시스템 오픈 후 무조건 문제는 발생하기 마련이다), 이 유형에 해당하는 현업 스타일은 이미 프로젝트에서 빠져나간 사람의 잘못으로 무조건 돌리는 경향이 있다. 따라서 프로젝트 중에는 별 이슈가 없이 진행되나 끝나고 나면 문제투성이가 된다.

● 나 아직 어려 스타일

프로젝트에 투입된 현업이 입사한 지 얼마 되지 않아 회사 분위기도 모르고, 이슈 해결을 위한 전결라인 보고도 모르며, 결정적으로 회사 업무도 모르는 스타일. 이러한 스타일은 솔직히 본인의 잘못이라기보다는 회사의 잘못이 더 크다. 즉 각 부분장들이 본인이 관장하는 부분에서 사람을 차출하여 프로젝트팀에 무조건 보내야 하는 경우 실무경력이 뛰어난 사람을 보내기보다는 신입사원을 차출해 버리기 때문에 이런 유형의 현업이 발생 된다. 프로젝트가 끝난 후에 보면 이러한 경우의 현업은 나이가 아직 어리므로 바로 ERP 관련업으로 이직을 하는 예도 있다.

많은 프로젝트 사이트에서 만나는 사람들을 분류해 보면 위와 같은 프로젝트 리스크를 확대시키는 현업이 많은 것도 사실이다.
좋은 현업 파트너를 한마디로 이야기하면 말이 통하는 사람이다.
물론 업무도 많이 알아야 하고, 이슈가 발생되었을 때 그 이슈에 대한 해결책을 나름대로 먼저 생각할 수 있는 사람이 현업으로 참여해야 가장 좋은 프로젝트 품질이 유지될 수 있다는 것은 자명한 사실이다.
ERP 프로젝트를 희망하는 회사의 경영자 층이라면 특정 기간 동안 값비싼 비용을 써가서 회사의 기간 시스템을 모두 교체하고 업무 프로세스까지 교체하는 프로젝트를 추진하는데, 각 업무 부서별 단기간의 인력 누수에 겁을 내어 좋은 현업 인력을 프로젝트팀에 발령내어주지 않는다면 ROI 측면에서 프로젝트에 대한 투자 대비 효익이 많이 떨어질 것이다.

또한 투입되는 현업 인력은 프로젝트가 끝나고 난 후 어떻게 회사 내부에서 진로를 잡게 될까?

프로젝트에 투입된 현업은 보통 PI(Process Inovator) 인력으로도 불린다. 즉 전산 프로젝트의 현업 참여자이지만 ERP를 통해 각 현업 업무 프로세스도 Global Standard에 맞도록 혁신을 시키는 주체의 역할도 수행해야 진정한 ERP 프로젝트에 참여한 현업 인력 이라고 할 수 있다.

실제 프로젝트가 끝난 후 프로젝트에 참여했던 현업 인력(자체 전산실이 있거나 전산 자회사가 존재하여 해당 전산실 및 전산 자회사에서 참여한 사람이 아닌 실제 현업 업무 부서에서 차출되어 프로젝트 팀에 합류한 인원)의 진로는 과연 어떠한 유형으로 구분되고 실제 경험상 어떠한 진로를 가도록 해줘야 해당 기업의 시너지가 최고로 올라갈 수 있을까?

● 프로젝트 완료 후 즉시 해당 현업 업무 복귀

프로젝트가 끝난 후 첫 번째 월 결산 정도까지를 프로젝트 팀에 남아 결산 작업을 수행한 후 해당 부서로 복귀하는 경우가 이에 해당되며, 현업 복귀 후에도 지속적으로 해당 부서의 PI작업을 진행하는 인력으로 활용하는 방법이 가장 좋다.

● 프로젝트 완료 후 전산부서 혹은 경영기획 부서에 귀속

ERP를 구축하고 실제 사용 상태에 들어가기 전에 수많은 사용자 교육을 거치게 된다. 하지만 오픈 전 사용자 교육을 수행하더라도

end-user 입장에서는 실제 당장 신 시스템을 사용하는 것이 아니므로 교육 참여도가 높지 않거나 교육 내용을 어렴풋이 기억하여 실제 오픈 후 사용 시 잘 사용 못하는 경우가 태반이다. 따라서 교육은 시스템 오픈 후에도 프로젝트에 참여한 PI 인력에 의해 지속적으로 수행되어야 한다. 즉 PI 차원의 지속적인 변화 관리가 진행되어야 하며, 이 작업을 PI 인력이 계속 수행하기 위해 프로젝트가 끝나더라도 참여한 현업 인력을 프로젝트를 수행 주체 주직에 계속 남도록 하는 방안도 있다. 이 경우에 포함되는 회사는 상시 PI 조직이 가동되며, 이 조직은 경영기획 부서에서 관장하는 것이 가장 효과적이며, 전산실 소속의 PI팀을 만들어 가동하여도 된다.

즉 프로젝트가 끝났다고 ERP를 통한 업무 혁신이 끝난 것이 아니라 ERP를 통한 업무 혁신이 비로소 시작되었다고 보는 경영자의 관점이 있을 때만 이러한 영구 조직이 생성될 수 있다.

● 프로젝트 완료 후 한시적인 안정화 조직 유지

오픈 후 바로 현업 부서로 프로젝트 참여 인력을 철수하게 되면 안정화에 치명적인 어려움이 발생하게 된다. 대부분의 프로젝트 사이트에서 ERP 프로젝트 완료 후 여기저기서 불만이 터져나오는 것은 오픈 후 안정화에 대한 대응이 미진하여 발생한다. 오픈 후 컨설턴트는 당연히 철수를 할 것이므로 프로젝트에 참여한 현업 인력이 각 부서별로 나오는 요구사항에 대하여 처리를 해야 하므로 대략 반 년에서 일 년 정도, 즉 연 결산을 한 번 수행할 수 있는 기간을 한시적으로 조직을 유지하고 나서 해체하는 방법도 있다.

위의 3가지 경우가 혼합되어 관리되는 회사도 있는데, 프로젝트에 참여한 전체 현업 인력 중에서 일부는 첫 번째 경우처럼 바로 현업 부서로 복귀시키고, 나머지 일부 인력은 두 번째나 세 번째 방법으로 혁신 조직부서의 인력으로 유지시키기도 한다.

하지만 무릇 사람은 본인이 희망하는 회사 내부의 career path가 있기 마련이므로 무조건 위와 같은 방법을 사용하면 반발이 생기고 어렵게 육성한 현업 PI 인력이 퇴사해 버리는 경우도 발생한다.

따라서 PI 인력으로 귀속되는 현업 인력은 약간의 adventage나 동기부여를 반드시 해주어야 한다. 또한 프로젝트를 완료하고 난 직후에는 지속되는 밤샘근무와 긴박한 이슈 대응에 대한 정신적, 체력적 에너지가 매우 고갈된 상태가 될 것이다. 이러한 상태의 인력을 무조건 인사발령시키는 것은 공든 탑이 무너지는 경우까지 발생시킬 수 있다. 아마 실제 프로젝트에 투입되어 일해본 현업 경험이 있는 사람이라면 프로젝트 오픈 후 돌아갈 조직이 없어지거나 조직에 돌아가도 적응을 잘 못하는 것을 경험했을 것이다.

따라서 프로젝트에 투입되어 PI 인력으로 활용시킬 사람은 먼저 희망자를 고려해야 하고, 선택된 사람은 반드시 인사고과 면에서 동기부여가 발생되어야 한다. 실제로 사용된 동기부여 방법은 일반직원보다 진급의 우선권을 주고, 급여, 상여 등으로 인센티브를 주는 방법이 있다.

예전 90년대 중후반 인도에서 프로젝트를 할 때 프로젝트가 끝난 후 대략 반 년 안에 프로젝트에 투입된 현업이나 전산실 인력이 모두 퇴사한 경우가 있었다. 그 당시 인도의 대졸 인력 초임이 한국 돈으로 대략 20만 원 정도 되었던 것으로 기억하는데, 인도 사람들이 영어 능력과 IT 능력이 뛰어난 데다 ERP 경험까지 하다 보니 대부분 미국의 IT 회사나 컨설팅 회사로 가버린 경우가 있었다. 월 급여 20만원을 받다가 연 10만 달러라는 제안을 받게 되면 누구나 흔들리게 마련인 것이다. 이러한 경우는 매우 극단적인 사례이지만 과연 프로젝트에 투입되어 PI작업을 수행한 현업 인력을 어떻게 관리해야 하는가에 대한 고민을 다시금 하게 하는 대목이다.

이러한 것이 무서운 경영자라면 당연히 해당 회사에 ERP를 통한 PI작업은 어렵게 된다.

2. 좋은 컨설턴트

 ERP Package가 아무리 좋다고 해도 프로젝트는 참여하는 인력의 자질, 태도, 열정이 더 큰 영향을 미치게 되는 건 주지의 사실이다.

 프로젝트에 참여하는 현업 인력은 내부의 인력이므로 회사의 입장에서는 각 인력의 자질을 그나마 미리 알고 있는 상태에서 프로젝트에 투입시킬 수 있다.

 하지만 외부 컨설턴트는 회사 입장에서 자질이나 태도 등을 잘 알기가 어렵다. 즉 프로젝트 성공의 가장 큰 축인 투입 인력에 해당하는 외부 컨설턴트의 자질을 잘 모르는 상태에서 프로젝트가 시작될 수도 있다는 문제점에서 프로젝트의 위험성이 높아지게 된다. 수많은 ERP 프로젝트에서 실제로 지금도 발생되고 있는 문제는 바로 투입된 컨설턴트의 무능력, 불량한 태도로부터 시작된 프로젝트의 품질이 바닥으로 떨어지는 것이다. ERP 프로젝트를 추진하는 회사 입장에서는 이러한 컨설턴트들을 최대한 미리 파악한 후 투입 여부를 결정해야만 한다.

 그렇다면 좋은 컨설턴트란 어떤 컨설턴트이며, 어떻게 하면 유능한 컨설턴트를 확보하여 프로젝트를 진행시킬 수 있을까?

유능한 컨설턴트의 자질을 확인하기 위한 좋은 방법 중의 하나가 해당 컨설턴트의 인터뷰를 진행해 보는 것이다. 즉 프로젝트를 진행하고자 하는 회사의 프로젝트 추진팀장 및 프로젝트 팀원들이 컨설팅 회사로부터 제안 받은 컨설턴트 인력에 대하여 face to face interview를 진행하여 담당 업무에 대한 지식의 깊이나 언변, 경력 등을 이력서와 함께 직접 인터뷰를 통해 한번 더 파악하는 방법이다. 이 방법은 향후 함께 일할 컨설턴트를 미리 만나보고 첫 인상을 느낄 수 있어서 좋으나 초기 인상과 언변 능력에 소위 '속아서' 실제 실력 유무를 모르고 겉모습에 현혹되어 정확히 판단하지 못하는 경우도 발생할 수가 있다.

그럼 좀더 좋은 방법이 있을까?

또다른 방법은 이력서 상의 실제 수행 경력을 참고하여 해당 프로젝트에서 함께 일한 타사 현업이나 타사 컨설턴트를 통해 전화 reference call을 하여 알아 보는 방법이 있다.

이 방법을 사용할 때는 최소한 3번 이상의 reference call을 해 보는 것이 좋다. 왜냐하면 컨설턴트도 사람인지라 특정 프로젝트에서는 함께 일하게 된 사람 자체가 너무 괴팍하여 reference를 질의 받은 사람이 더 문제인 경우를 만날 수도 있기 때문이다. 예를 들어 내가 직접 프로젝트 매니저를 담당하여 프로젝트를 진행하기 위해 함께 일할 업무 영역별 컨설턴트를 수배할 경우 나는 반드시 3개 이상의 reference를 하여 그 중 2개 이상의 reference가

좋으면 그 사람을 함께 일할 사람으로 뽑는다.

예전에 어떤 제약 회사 프로젝트를 할 때 어떤 업무 영역의 컨설턴트가 부득이 중간에 빠지게 되어 신규 컨설턴트를 수배하였는데, 이때 해당 컨설턴트의 이력서를 기준으로 reference call을 해보니 어떤 사이트에서는 절대 그 사람과 일하지 말 것을 강력하게 이야기하였다. 그 사람은 프로젝트에 임하는 태도가 상당히 문제가 있으며, 프로젝트에서 가장 중요한 오픈 및 안정화 시점에 근태도 문제가 있어서 프로젝트 당시 상당히 문제아였다고 하면서 말리는 것이었다. 그래서 거의 단념하다시피 마음속으로 결정을 하고 나머지 두 개 사이트에 reference call을 했더니 이번엔 그 사람을 강력하게 추천하는 것이었다.

그런데 그 이유가 이번엔 반대로 프로젝트에 임하는 태도가 상당히 충실하고 근태도 좋고 가장 중요한 프로젝트 오픈 및 안정화 시점에 그 컨설턴트가 가장 열성적으로 마무리를 해 주었다는 것이었다. 결국 나는 2개 사이트의 의견을 받아들여 해당 컨설턴트를 뽑아서 함께 일하였다.

이렇게 함께 일하게 된 컨설턴트는 나의 프로젝트에서 투입되어 마무리하고 빠질 때까지 최상의 실력으로 최상의 서비스를 하여 고객사에게 최상의 만족을 주었다. 나중에 함께 일하면서 보니 그 컨설턴트를 안 좋게 평가했던 사이트에서는 프로젝트 매니저부터가 경험이 그리 많지 않았으며, 그 컨설턴트도 해당 프로젝트 진행 시에 개인적인 가족사 문제로 인하여 부득이하게 프로젝트에 집중할 수 없는 상태였다. 따라서 현업 측에서 느끼는 해당 컨설턴트의 서비스는 나빠질 수밖에 없었던 것이다.

이렇듯 함께 일할 컨설턴트를 뽑는 경우 한 두 개의 프로젝트 reference를 가지고 그 사람을 판단해서는 좋은 인력을 뽑을 수 없다.

하지만 나의 경우에는 컨설팅 업을 본업으로 삼고 있는 환경이므로 reference call을 할 수 있는 지인들이 많이 존재하지만 이제 막 프로젝트를 시작하려고 하는 고객사의 경우에는 외부 업체에 reference call을 할 수 있는 지인이 부족한 경우도 존재한다. 따라서 이러한 경우에는 일단 본인의 회사와 유사한 산업군의 프로젝트를 많이 한 컨설턴트 위주로 컨설팅 회사로부터 이력서를 받은 후 해당 컨설턴트가 수행한 동종업계의 현업 지인들을 통하여 reference call을 해 보는 것이 좋다.

그러므로 제안요청서를 발송할 때부터 가급적이면 컨설팅 회사에게 특정 경력 이상의 동종업계 프로젝트 경험이 있는 컨설턴트를 투입할 것을 제안요청서상에 명기하는 것이 좋다.

하지만 또 하나 간과하지 말아야 할 점이 있다. 만약 컨설팅 회사에서 제시한 컨설턴트의 이력서가 너무 화려하고 막강해도 의심을 해야 한다. 물론 프로젝트 매니저 역할을 수행할 대표 컨설턴트는 당연히 화려하고 막강한 경력자로 제시를 받아야 한다. 그러나 업무 모듈별 컨설팅을 담당하는 컨설턴트가 만약 프로젝트 매니저보다도 화려한 경력을 가지고 있다고 이력서상에 표현 되어 있다면 반드시 reference call을 하거나 불러서 인터뷰를 진행해 보는 등의 작업을 하는 것이 좋다. 역설적으로 이력서상에서 보여지는 프로젝트 경력이 매우 화려한 업무 모듈 컨설턴트가 프로젝트에 함께 투입 되는 프로젝트 매니저보다도 경력이 많다면 그 이력서는 약간의 거짓이 포함되어 있을 수도 있다. 혹은 프로젝트를 완전히 수행한 프로젝트보다는 따로 중요한 역할을 수행하지 않았던 프로젝트를 마치 본인이 중요한 role을 맡아서 수행한 것처럼 과대포장을 했을 수도 있고 프로젝트 중간에 퇴출당한 경력을 마치 정상적인 경력인 것처럼 이력서상에 올릴 수 있음을 의심해 보아야 한다. 일단 프로젝트에서 사고를 치던 말던 이력서 상에는 올라갈 수 있기 때문이다.

컨설팅 업계에서 지금까지 일하면서 보아온 많은 컨설턴트들이 본인의 이력을 화려하게 과대포장하는 경우가 비일비재하고, 컨설팅 회사에서 그러한 것을 모르는 척하는 경우도 있다. 또한 프로젝트를 수행한 개수가 많다고 해도 빛좋은 개살구처럼 실제로 고객에게 만족을 준 프로젝트는 거의 없는 사람들도 있다.

그런데 프로젝트 매니저보다도 경력이 많은 업무 모듈 컨설턴트들은 보통 결국 컨설팅 회사를 떠나 프리랜서 컨설턴트로 일을 하는 경우도 있다.

따라서 프리랜서 컨설턴트는 상당한 경력자가 대부분이나 그럼에도 불구하고 프리랜서 컨설턴트에게서도 자주 문제가 발생한다.

그 이유는 이렇다.

우선 프리랜서 컨설턴트란 특정 컨설팅 회사에 속하지 않고 프로젝트가 발주되어 투입 인력이 필요한 프로젝트 단위로 움직이는 컨설턴트를 의미한다.

보통 대부분의 프리랜서 컨설턴트는 컨설팅 회사 소속의 컨설턴트 보다 경력이 화려하다. 실제적으로 일을 함께 해보면 상당한 전문적 지식으로 무장하고 있고 프로젝트에 임하는 태도도 도리어 컨설팅 회사 소속의 컨설턴트보다 뛰어난 사람들이 대부분이다. 그 이유는 프리랜서 컨설턴트는 말 그대로 불러주는 곳이 많아야 되는 1인 기업이며, 불러주는 곳이 많기 위해서는 최상의 실력과 최상의 서비스 능력이 있음을 지속적으로 보여 주어야 몸값이 계속 유지되거나 올라갈 수 있기 때문이다.

하지만 프리랜서 컨설턴트는 현재 투입된 프로젝트가 끝나가면 다음 프로젝트를 최대한 빨리 구해야 한다. 따라서 ERP 프로젝트에서 가장 중요한 시점인 시스템 오픈과 안정화 시점에 다음 프로젝트를 구하기 위해 동분서주하다 보면 정작 본인의 레퍼런스상에서 가장 중요한 프로젝트 마지막 순간에 고객사에게 실망을 주게 된다. 따라서 경력은 화려하지만 궁극적으로 고객에게 만족을 준 프로젝트 레퍼런스가 도리어 많지 않을 수도 있다.

이렇듯 프로젝트의 품질은 투입되는 인력의 수준에서도 많은 영향을 받게 되므로 여러 가지 경우의 수를 고려하여 인력 구성을 계획해야 한다.

제11장

ERP를 바라보는
한국과 외국의 차이점

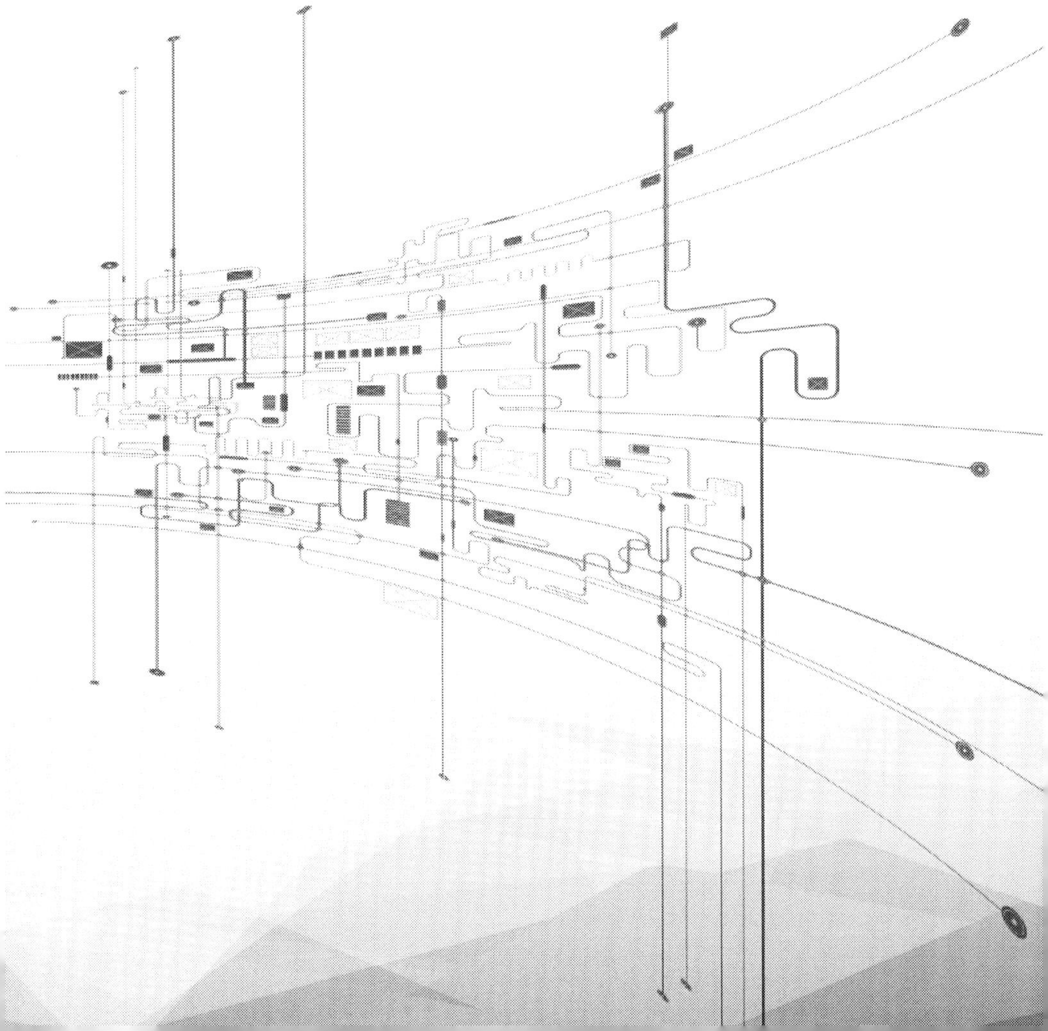

보통 한국에서 ERP 프로젝트를 진행하는 경우의 가장 큰 특징은 In-House 개발 방식과 같은 ERP 구축이 매우 많다는 것이다.

즉 ERP가 기존 In-House 개발 방식과 가장 큰 차이가 프로젝트 방법론상의 구축 activities들인데, 이는 ERP에서 제공하는 기본 프로세스가 가장 ERP적이고 global standard상의 best practice라고 인식하는 상태에서 기성복 양복을 입는다는 개념으로 접근해야 한다.

그런데 우리나라는 자기 신체 사이즈가 기성복에는 맞지 않는다며, 기장 줄이고, 품 줄이고, 단 줄이고 하면서 결국 기성복을 기성복 가격에 사서 맞춤복과 같이 별도의 추가 비용을 더 들여서 옷을 수선해서 입는 방식의 프로젝트가 많다.

솔직히 그렇게 프로젝트 할 것이라면 그냥 각각의 개성과 희망사항이 모두 반영 가능한 자체 개발 방식으로 프로젝트를 진행하는 것이 현업이나 컨설팅 회사나 다 편할 것이다.

따라서 한국에서 ERP 프로젝트를 진행하는 일반 제조산업의 매출 5천 규모의 회사가 만약 ERP 구축 프로젝트를 한다면 요즘 제안 시에 보통 6~7개월 구축 프로젝트에 1개월 정도의 안정화 기간을 제안하게 된다. 이것도 예전에 비해서 많이 줄어든 기간이고, 한국에서도 외산 ERP를 이제는 꽤 많이 사용하고 있고, 경험을 가지고 있는 컨설턴트들도 많아져서 프로젝트 기간과 비용은 더욱 많이 줄어들고 있는 추세이다.

하지만 위와 동일한 규모의 회사가 만약 인도에 있다면 이야기가 달라진다. 프로젝트 기간이 한국에서 진행하는 것보다 반 정도가 줄어든다.

왜일까?

인도사람들은 똑똑해서?

솔직히 인도 사람들 똑똑하더라. 예전 인도에서 프로젝트 할 때 보니 언어 습득 능력이나 프로그래밍 능력, 프로세스 이해 능력이 우리나라 민족 다음으로 우수한 듯하였다. 국내외에서 많은 프로젝트를 뛰어본 경험론적 방법론으로 본다면 인도라는 나라는 ERP라는 solution을 바라보는 방식이 우리나라와 차원이 다르다. 즉 ERP는 그냥 그 속에 있는 프로세스를 컨설턴트로부터 교육받고 기존 시스템의 데이터를 마이그레이션하고 바로 사용하는 방식의 Solution이라는 생각을 현업들이 기저에 깔고 ERP를 받아들인다. 따라서 인도에서는 우리나라보다 보통 프로젝트 기간이 짧고, 따라서 비용도 적게 들고, 시스템 오픈 후 안정화도 쉽다.

예전 SAP Korea의 Channel Partner 담당자와 SAP APJ(Asia Pacific and Japan) SME(Small & Medium Size Enterprise) 마케팅 담당자와 이야기를 하는데, 그 SAP APJ에서 온 싱가포르 사람이 인도 사례를 이야기하였다. 즉 인도의 SAP 파트너 컨설팅 회사 중 중견기업을 타깃으로 하는 어떤 회사가 있는데 그 컨설팅 회사가 1년에 수행하는 프로젝트가 100건이 넘는다고 한다. 물론 하청도 주었겠지만 말이다.

하지만 하청까지 주고서도 그 컨설팅 회사가 직접 구축하는 것과 같은 동일한 품질의 프로젝트가 완료되기 위해서는 마치 맥도널드가 전 세계 프랜차이즈 매장에서 동일한 맛이 나는 ready made 레시피 매뉴얼이 있는 것처럼 ERP를 그냥 ERP 기본 기능으로 미리 고객사가 속한 산업에 맞도록 configuration한 후 프로젝트는 단순 교육 및 시스템 오픈 방식으로 가는 것이다.

이렇게 되면 한 명의 컨설턴트가 동시에 두세 개의 프로젝트를 뛸 수 있고, 하청을 주더라도 동일한 프로젝트 품질 도출이 가능하고, 고객은 비싼 ERP를 저렴하게 도입할 수 있고, 누이 좋고 매부 좋은 시스템이 만들어진다.

한국에서는 인도와 같이 만약 컨설팅 회사가 각 산업에 맞는 프로세스를 미리 configuration하고 필수불가결한 법적 기능은 미리 개발을 해서 소위 ready-made solution을 가지고 ERP 프로젝트를 하더라도 ERP를 도입하는 기업의 현업 측에서 태클을 거는 경우가 90% 이상이다.

한국과 외국에서 동종 산업군의 유사 프로젝트를 하면서 한국 내의 프로젝트 시 개발이 워낙 많다 보니 우리 한국인은 매우 꼼꼼한 민족이라서 우리와 같은 꼼꼼한 민속적 특성은 ERP라는 기성복 생산과 같은 접근 방식이 우리에게는 맞지 않을 수도 있다고 확장해서 생각해 볼 정도였다.

그런데 프로젝트 시 필수 리포트라고 현업에서 강력하게 요청하여 개발한 프로그램도 1년 후 찾아가보면 80%는 한두 번 쓰는 리포트 용도로만 활용되는 것이 주지의 사실이다.

따라서 ERP를 도입하려는 회사의 담당자가 변화 관리를 통해 프로젝트 시 개발되는 항목이 과연 필수적인가를 생각하면서 진행한다면, 필요치 않은 개발 비용을 절감하면서 프로젝트를 진행할 수 있을 것이다.

제12장

ABC제약사(가칭)의 ERP 도입과 구축 및 운영까지의 시나리오

여기 ERP를 도입하고자 하는 회사가 있다고 하자. 이 회사의 업종은 제약업종이라고 가정하고 회사 이름은 'ABC제약'이라고 칭한다. 그리고 'ABC제약'을 구축 컨설팅했던 컨설팅회사를 "X컨설팅 펌" 이라고 가정한다.

또한 이 업체가 도입하고자 하는 ERP는 "A ERP" 와 "B ERP" 중에 하나라고 가정한다.

만약 이 업체가 ERP를 도입한다고 할 때 어떻게 도입을 결정하고 어떻게 프로젝트를 진행하고, 오픈 후 어떤 방식으로 운영을 하는지를 설명한다.

물론 이 사례가 모든 회사에 동일하게 적용되지는 않는다.

이 사례에서 언급되는 회사는 본인이 초기부터 완료까지 참여하여 실제로 구축을 한 회사이나, 실제 상호, 금액, 구체적인 솔루션 등의 언급은 하지 않겠다. 이 사례에서는 어떻게 프로젝트가 진행되는지를 이해하는 것으로 충분할 듯하다.

원래 이 자료는 예전 본인이 근무했던 컨설팅 펌에서 해당 프로젝트를 완료하고, 향후 잠재고객들에게 ERP 구축 사례를 소개하기 위해 본인이 작성했던 자료이다..

우선 'X컨설팅'사가 'ABC제약'의 ERP 도입에 대해서 다음의 단계로 설명하고자 한다.

1. ABC제약은 ERP 프로젝트 시작 전 어떠한 배경으로 어떻게 ERP 솔루션을 선정하였을까?

2. ABC제약의 실제 ERP 구축 프로젝트는 어떠한 기능, 기간, 업무영역을 어떠한 방법론에 의거해서 구축을 진행하였을까?
3. ABC제약은 어떻게 ERP 오픈 후 안정화를 진행하였을까?

위 세 개의 단계로 각각 설명을 한다.

1. ABC제약은 ERP 프로젝트 시작 전 어떠한 배경으로 어떻게 ERP 솔루션을 선정하였을까?

1-1 프로젝트 시작 배경

ABC제약은 기업의 성장세가 계속되면서, 기존 시스템으로 더 이상 업무편의성이나 시스템적인 퍼포먼스를 관리하기 어렵다는 자체 판단을 하게 되었다. 이에 따라 ABC제약의 기획팀장은 외부 컨설팅 업체를 물색하였고, 여러 컨설팅 업체와 초도 미팅을 진행하였다. 그중에 X 컨설팅이 있었으며, X컨설팅은 ABC제약에 대하여 그 동안의 제약 산업 프로젝트를 통하여 축적된 현재 해당 산업군의 지식을 바탕으로 ABC제약이 속한 제약 산업의 트랜드가 ERP 도입이라는 것에 대해 시장 사례, 구축 후 정량적, 정성적 사례 자료를 보여주며 프로젝트를 진행해야 하는 것을 초기 영업 시 계속 어필하였다.

여러 컨설팅 업체의 영업담당 임원들과 미팅을 하면서 ERP 도입 사례 관련 자료를 축적하고, ERP의 개략적인 개념, 기능을 이해한 ABC제약의 기획팀장은 시장에서 A ERP와 B ERP가 동종업계에 가장 많이 사용되고 있음을 파악하게 되었다.

1-2 ABC제약의 프로젝트 추진 전 Package Evaluation 배경

1) A ERP vs. B ERP 솔루션 선정의 고민 시작

ABC제약에서 ERP 신규 시스템을 도입하고자 하는 단계 진행 시 ABC제약은 A ERP SOLUTION과 B ERP SOLUTION을 검토 대상으로 최종 고민하게 되었다.

시장의 평가나 점유율 등에서 A ERP SOLUTION의 인지도가 일찌감치 앞서가는 상황이었으나 최종 선정 전까지는 ABC제약은 A ERP Solution이 본인에게 더 적합한 ERP가 될 것이라는 확신을 가지기 어려웠다.

그 이유는 당연히 B ERP Solution의 가격이 큰 이슈였다. B ERP Solution의 가격은 A ERP SOLUTION에 비해 매우 낮은 가격을 제시하고 있었는데 이는 B ERP Solution의 시장 확대 욕구가 더해져서 상당한 고객 흡입력을 발휘할 수 있었다.

이에 따라 X컨설팅은 실제 사례 조사를 통하여 프로젝트 시 투입된 금액 대비 오픈 후 향후 TCO vs. ROI 등의 자료 제시로 결국 운영 비용을 고려한 경우 A ERP SOLUTION이 더 저렴하고 경쟁력이 있다는 것을 고객사에게 각인시키게 된다. 참고로 X 컨설팅은 A ERP와 B ERP 모두 구축 컨설팅 서비스 능력을 보유하고 있다. .

2) ABC제약의 ERP 도입을 위한 진행 단계

비록 X컨설팅 회사가 ABC제약의 초도 영업 측면에서 타 경쟁

컨설팅 회사보다 더 많은 노력을 기울였으나 ABC제약은 특정 컨설팅 회사의 편향적 의견을 최대한 중립화시키는 것을 중요하게 여기면서 내부적으로 ERP 도입을 고려하면서 철저한 단계별 준비를 거쳤다. 즉 ERP 구축 파트너사의 정치적인 영향력에 의한 로비 등을 배제하고 구축 파트너사의 실제 Reference 및 이에 대한 업계의 평판을 수렴하고, 또한 ERP 가동 후의 구축 파트너사의 시스템 운영 능력에 많은 가중치를 설정하였다. 왜냐하면 ERP 시스템은 프로젝트 진행 시의 품질도 중요하나 회사의 틀을 바꾸는 기간 시스템을 구축하는 프로젝트인 만큼, 구축 후 안정화 지원이 얼마나 성실하느냐가 궁극적인 프로젝트의 최종 성공으로 보았기 때문이다.

이러한 도입 단계를 통하여 ABC제약 내부 의견 수렴을 거쳐 전사적인 ERP 구축 필요성에 대한 공감대를 만들고, 이를 통하여 공정한 선정 작업을 통하여 ERP 프로젝트를 진행하였다.

ERP 선정 작업이 중요한 이유는 만약 ERP 선정이 공정한 룰에 의하지 않고 일부 임직원들에 의해 선정되어 프로젝트를 진행할 경우 "Why ERP in ABC제약?"이라는 내부 공감대 없이 진행되고, 이는 프로젝트의 Risk Point가 되며 결국 '돈만 쏟아 부은 계륵' 같은 시스템이 탄생되기 때문이다.

이는 향후 ERP를 도입하고자 하는 기타 고객사에게도 시사하는 의미가 많다.

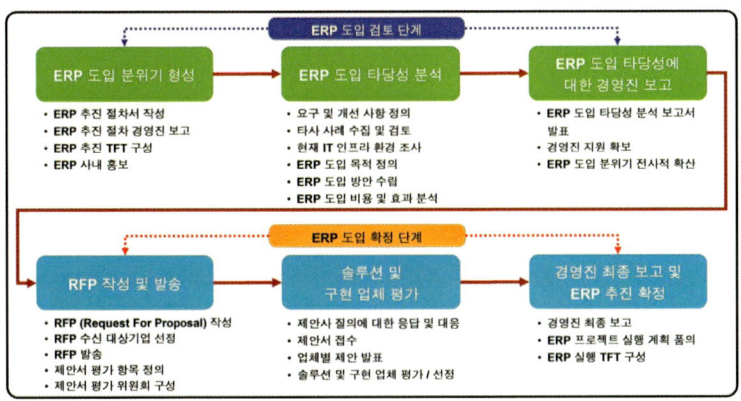

〈ABC제약에서 진행한 단계별 ERP 선정 작업〉

3) ABC제약의 ERP 도입 시 업무 영역별 거시적 Scope

ABC제약은 프로젝트 수행 업체 선정 시 RFP(Request for Proposal) 상에서 '솔루션 기능, 프로젝트 관리, 기술적 요소' 측면의 세 가지 항목에 대하여 제시하도록 하였다.

- 솔루션 기능 측면: 제안 하는 시스템을 통한 GMP 기준 부합 정도를 반드시 포함해야 함.
- 프로젝트 관리 측면: Software Validation의 수행 방안 제시가 포함 되어야 함.
- 기술적 요소 측면: 타 시스템 간(ERP, Groupware, Web, 기타 시스템) Interface 수행 방안이 포함되어야 함.

㉮ 솔루션 기능 측면

• Application의 요구 사항

ABC제약은 발송되는 RFP상에서 주요 업무 프로세스별 요구 사항을 다음과 같이 명시하였다.

구분	주요 기능
영업관리	거래처 관리 주문/수출 관리 제품 관리 채권/담보/여신 관리 수금/어음 관리 반품 관리 판매 계획 출하/완제품 재고 관리
구매/자재관리	구매 계획/계약/발주 관리 수출입 관리 입고/검수 관리 자재재고 및 수불 관리 소모품, 비품 관리 외상매입 관리 세금계산서 관리 전자서명/문서 관리
생산관리	수요 예측 자재 소요량 계획 작업지시 관리 공정 관리 생산실적 관리 외주 관리 전사서명/문서 관리

품질관리	입고/공정/모니터링 검사 안정성 연구 및 특별시험 관리 시험자재 및 보관검체 관리 불일치 관리 변경 관리 품질실사 및 통계적 품질 관리 전자서명/문서 관리
재무회계(FI)	계정마스터 관리 전표/분개장/총계정원장 관리 월 마감 관리/결산 관리 자금 관리 채권/채무 관리 고정자산 관리
관리회계(CO)	임상 프로토콜별 프로젝트 관리 성과 평가 단위별 손익 관리 예산 편성 및 통제 표준원가 및 실제원가 계산 투자 관리 프로젝트 진척도 및 비용 관리 경영지표 관리

- 기능 적합도의 설명

위의 각 업무 영역별 프로세스를 다시 상세 요구 사항별로 정리하여 ERP 시스템에서 어떤 정도까지 충족 가능한지에 대해 명시하도록 함으로써 상세 기능적인 지원 사항을 면밀히 분석 하여 ERP Package를 선정하였다.

아래는 '세부 기능요구 사항'에 대하여 '완전 충족, 소규모 개발, 중대규모 개발, 지원 안 됨' 등으로 명시하도록 한 문서이다.

프로세스체인	프로세스	기능 요구사항	요구사항 설명	기능 적합도				근거
				완전충족	소규모개발	중대규모개발	지원안됨	
계획	판매계획	사업 계획 (연간 매출 계획)						
		월간 판매 계획 (3개월간)	사업부별 생성					
	고객정보	Customer Master	CUSTOMER MASTER의 생성, 변경 및 삭제의 절차와 권한부					
	제/상품정보	Material Master	제품 및 상품 등에 대한 정보 관리 / 제품계층구조 정의					

예시

㉯ 프로젝트 관리 측면

　ABC제약은 ERP 선정 시 시스템 구축과 구축 후 시스템 운영 문제를 두 가지의 Phase별 프로젝트로 접근하였다. 이는 일반적인 고객사의 경우와 고려하여 조금 차이가 있는 접근 방법 이었다. 보통의 경우는 ERP 선정 시 고객사의 중요 고려 항목은 ERP 구축 프로젝트에 초점이 맞추어져 선정 작업이 진행 되는 경우가 많았으나, ABC제약은 구축 후 운영 방안에 대해서도 이미 ERP 선정 시 확정하고자 하였다. 이는 매우 효과적인 접근 방법으로 ABC제약 입장에서는 IT Road Map의 원활한 단계별 이관을 미리 대비할 수 있었으며, 프로젝트를 진행하게 된 구축사 입장에서는 구축 후 운영 이관 여부가 확정되어 있으므로 투입되는 컨설턴트나 Project Manager가 안정화 지원을 미리 고려하며 방법론을 구성하도록 채찍질하는 도구가 되었다.

㉰ 기술적 요소 측면

　ABC제약은 ERP 선정 시 EIS나 MES, LIMS 등의 동시 도입에 대해서도 고려하였다. 하지만 Big-Bang 방식의 프로젝트 시 프로젝트 Management와 구축 후 안정화 측면에서 상당한 Risk를 수반할 수 있다는 판단 하에 1차로 기간 시스템을 구성하게 되는 ERP

를 우선 구축하고, 경영자 정보 지원을 위해 EIS를 ERP와 동시에 구축하기로 결정하였다. 그리고 ERP & EIS 오픈 후 향후 단계적으로 MES, LIMS를 고려하는 방안을 선택하였다.

2. ABC제약 ERP 구축 프로젝트

2-1 ERP 구축 프로젝트 진행 개요

1) 프로젝트 전체 진행 일정

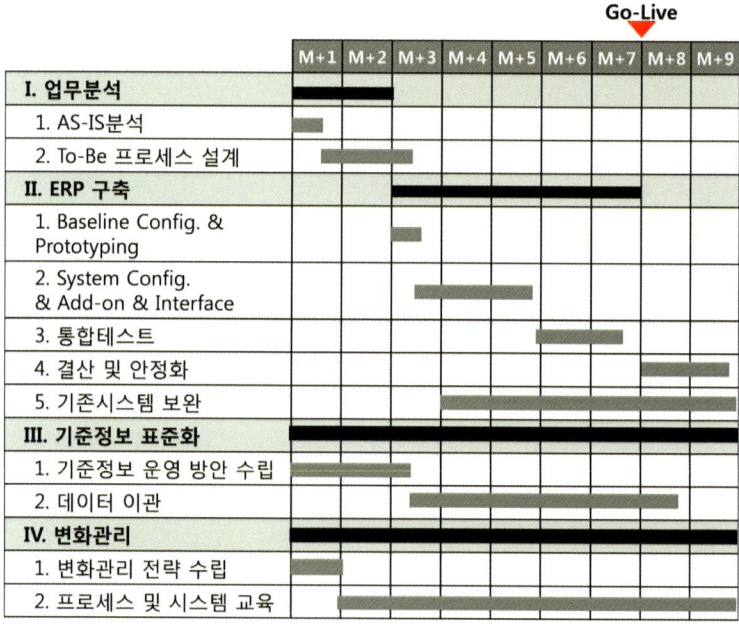

ABC제약은 ERP 구축 Solution으로 A ERP Solution의 최신 버전을 구축 대상 Package로 최종 확정한 후 A ERP SOLUTION 구축 프로젝트를 시작하였다.

A ERP SOLUTION 구축 프로젝트는 '7개월간 구축 + 2개월간 안정화 및 운영 이관'을 목표로 진행되었다.

구축 대상 업무 영업은 다음과 같다.

2) 도입 대상 모듈

A ERP SOLUTION 도입 대상 모듈		Non-A ERP SOLUTION 대상
FCM Module	FI(Finance : 재무 회계) CO(Controlling : 관리 회계)	EIS (Executive Information System : 경영자 정보 시스템)
SCM Module	SD(Sales & Distribution : 영업 관리) MM(Material Management : 구매 자재) PP(Production Planning : 생산 계획) QM(Quality Management : 품질 관리)	

2-2 ABC제약 프로젝트의 X컨설팅 접근 방식

1) 일반 프로젝트 대비 ABC제약 프로젝트 접근 방식의 차이

ABC제약 프로젝트는 이미 언급한 것과 같이 ERP Package 선

정 작업을 통해 A ERP SOLUTION을 구축 시스템으로 선정하고 구축 주관사로 X컨설팅, 구축 후 시스템 운영 서비스 업체로 X컨설팅을 확정하고 프로젝트를 시작하였다.

이에 따라 ABC제약 프로젝트에 적용된 방법론은 운영 이관 시의 구체적 Activities까지 포함된 X컨설팅의 As Plug & Play 구축 방법론을 사용하였다.

이를 통하여 구축 기간을 줄임으로써 기간 대비 비용을 최소화 할 수 있었다.

ABC제약에서 구축 업체에 운영까지 맡기게 된 이유는 기존 자체 전산실 조직이 매우 미약했으며, 따라서 ERP 구축 및 운영 시 자사 전산 인력을 투입할 여력이나 추가 채용으로 인한 인건비 지출에 대한 이슈가 있었고, 가장 중요한 것은 비록 전산 인력을 추가 채용한다고 하더라도 ERP 제반 지식이 충분한 인력을 시장에서 구하기가 어렵기 때문이었다.

이러한 ERP 전문가를 내부에 보유하기가 어렵다는 점은 몇 가지 시장 상황에서 기인한다. 첫 번째로는 대부분의 ERP 전문가는 컨설팅 회사 소속으로 일을 하거나, 보수가 훨씬 높은 프리랜서 컨설턴트로 일하기를 희망하는 경우가 많다. 따라서 ABC제약과 같이 중견기업에서 ERP 전문가를 채용, 보유하기가 어려운 이 있었다. 이 점은 중소, 중견기업에서 동일하게 경험하게 되는 문제이다.

또 하나의 이슈는 시장에서 IT Outsourcing이 범용적으로 이미 이루어지고 있다는 점도 있다. 즉 자체 전산인력의 운용을 위한 비용 대비 전문 IT Outsourcing 회사를 통한 전산 운영으로 단기

비용을 절감하고자 하는 시장 분위기가 자체 ERP 인력을 보유하는 것보다 범용적이기 때문이다.

〈일반적인 프로젝트 대비 ABC제약 프로젝트의 접근 방식〉

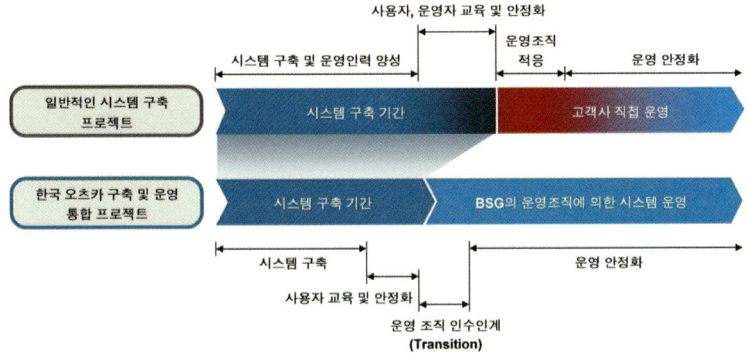

위 접근 방식이 시사하는 특징을 정리 하면 다음과 같다.
① 최근 정보시스템 구축 이후 운영에 대한 Outsourcing을 고려하여 제안을 요청하는 사례가 보편화하고 있음.
② 더 나아가 현재는 IT Cloud 개념으로 진화하고 있음.
③ 고객사 내부 운영 인력을 양성하는 등의 작업이 최소화함.
④ 이로 인해 상대적으로 낮은 Cost로 신속하게 시스템 구축이 이루어짐.
⑤ 시스템 오픈 이후 운영 시행착오 최소화, 운영체계의 빠른 안정화를 달성.
⑥ '구축 이후 우리가 운영할 우리의 시스템'이라는 컨설턴트들의 마음 자세가 전체 시스템의 완성도에 긍정적인 영향을 줌.

2-3 ERP 구축을 통한 주요 프로세스 변경 사항

ABC제약의 ERP 구축 시 반영된 주요 프로세스는 다음과 같다.

모듈	주요 변화 요구 항목	A ERP SOLUTION을 통한 구현 사항
재무 회계	법인카드	카드사와 연계하여 임직원들이 사용한 카드 사용 내역을 시스템상에서 공유
	프로젝트성 비용	프로젝트별 투입 비용을 예산/실적으로 분석(임상품 테스트 관련 비용 분석)
	고정자산의 취득	구매 프로세스와 통합된 고정자산 취득 관리
	재무제표 및 결산 리포트	재무/물류 정보의 통합을 통한 결산 작업의 효율화를 통한 재무제표 작성 시간 단축
관리 회계	Project 진척도 및 비용 분석	프로젝트 관리를 통한 예산/실적 등을 분석
	제품별 실제원가 계산	자재원장 관리를 통한 월별 제품별/포장재별 실제원가 관리 제공
	수익성 분석	다차원 채널(제품별/고객별/영업조직별 등) 수익성 분석 및 보고
영업 관리	할인	판매가에 할인이 적용될 경우 금액 또는 할인율(%)을 적용하여 관리
	Credit Management	고객별로 여신금액을 관리하여 수주금액, 납품금액, 미수금, 담보금액 등의 정보를 관리. 여신초과에 대한 Process를 적용하여 주문의 Block기능 및 승인 항목에 대해서는 관리자의 확인 후 진행

영업 관리	직·간납구분		직납처와 간납처에 대한 출하 시 각각의 운송 경로를 지정하여 적시 배송이 가능하며, 직납처와 간납처의 출하 현황 및 일정 관리를 Monitoring
	일반 세금계산서 발행		고객별/지점별로 일일 발생되는 세금계산서를 시스템에서 관리 및 출력. 재발행 등을 통해 고객에게 발행된 계산서의 이력을 관리
	주요 기능 요구 사항		시스템 기능 지원 사항
	AR차감 - 판매장려금 (매출할인)		고객별/간납처별 수금 실적과 회전일을 기준으로 매출차감 항목을 산정하여 이를 대량 또는 수동으로 회계전표를 발생시켜 매출채권에 반영
	매출채권 관리		고객별/사업자별/지점별/간납처별/영업담당자별/여신영역별 Aging chart를 산출. Aging 기간 내의 매출정보 및 미수금, 미결어음 등의 정보를 활용
구매/ 재고 관리	구매진행현황 조회		구매 요청, 구매 오더, 입고, 송장 처리 현황에 대한 진행 상태별 일괄 조회
	품질검사 자동 의뢰		입고 처리와 동시에 자재 마스터에 설정된 품질검사 항목에 의거 품질검사로트 자동 생성
	입출고 관리		재고자산의 입출고 시는 미리 설정된 회계계정으로 실시간 반영을 통한 物과 財의 흐름 상시 일치
	세금계산서 마감		업체별 입고기준/발주기준으로 미결항목 전체선택/부분선택을 통한 세금계산서 처리. 발주가와 세금계산서 금액 차이 발생 시 가격차 계정을 통한 재고자산 반영

생산 관리	생산계획 수립	판매 계획과 연동한 생산 계획의 수립을 통해 자재 수급의 적시성을 높임
	접근 제한 및 권한 설정	User별 권한 관리를 통해 시스템의 접근을 제한할 수 있음
	원자재 출고 전표	GMP 관련 원자재 수불 데이터에 대한 승인 및 전자서명
	문서보관	GMP 관련 제조문서는 Hard copy로 출력하거나 파일로 저장
	월간 생산 실적 분석	GMP 기준에 의거한 공정진행관리를 통해 기간별 생산 현황 분석
품질 관리	전자서명/기록 관리	User별 권한 여부에 따라 검사 결과 등록 시 전사서명을 등록해야만 다음 단계로 진행이 가능함
	접근 제한 및 권한 설정	User별 권한 관리를 통해 시스템의 접근을 제한할 수 있음
	문서보관	GMP 관련 문서(시험 요청서, 시험 기록서, 성적서)는 Hard copy로 출력하거나 PDF 파일로 저장
	원자재/반제품/완제품/공정 검사	GMP 기준에 적합한 검체 승인, 검사 결과 등록, 사용 결정 등의 프로세스를 지원
	모니터링 검사	제조용수 및 가스 등에 대한 검체 채취 및 시험 항목을 검사 계획으로 생성하고 일정 주기별로 검사 로트를 생성하여 검사 결과를 입력하고 검사성적서를 출력

품질 관리	안정성 시험	안정성 연구의 계획, 실행, 평가에 이르는 전단계 및 상이한 조건하에서의 수명 주기 테스트 혹은 신뢰성 테스트 실행. GMP 요구사항을 지원
	보관검체 관리	보관검체에 대하여 검체번호를 관리하고, 검체별로 설정된 모니터링 일자별로 생성/검사/결과 입력을 수행
	품질문서 관리	품질관리와 관련된 문서들에 대하여 문서의 생성 및 변경된 내역과 폐기 정보를 확인할 수 있으며, 전자서명(Digital Signature)을 이용하여 작성자, 검토자, 승인자에 대한 승인 내용을 관리

2-4 ERP 구축 후 기대 효과

보통의 경우 해당 프로젝트를 통해 ERP 시스템을 오픈한 경우 오픈 후 가시적인 효과를 바로 획득하기는 어렵다. 일반적으로 오픈 후 첫 결산은 상당한 어려움을 겪으면서 진행되는 경우가 많고, 구축한 컨설팅 회사의 오픈 후 안정화 지원이나 해당 고객사의 전산인력 혹은 프로젝트 참여 인력의 안정화 노력에 따라 시스템 안정성 기간에 많은 영향을 받는다. ABC제약의 A ERP SOLUTION 구축 프로젝트 후 기대효과는 최소 6개월, 최대 1년 시스템 운용 후 현실적으로 측정할 수 있었다.

ABC제약도 ERP 오픈 후 첫 결산은 어려움 속에 진행되었고, 최소 분기결산이 지나면서 세무신고를 한 번 거치고, 반기결산까지 진행하면서 시스템이 안정화되었으며, 이때서야 비로소 프로젝트 시작 시 목표로 설정했던 KPI에 대한 구체적 수치, 즉 기대효과를 측정할 수 있었다.

2-5 ABC제약의 A ERP SOLUTION 구축 시사점

지금까지 살펴본 ABC제약 프로젝트의 A ERP SOLUTION 시스템 구축 사례에서 본 프로젝트 접근 방법을 정리하면 다음과 같다.

① 현업 사용자의 요구 사항까지 반영한 공정한 ERP Package 선정 작업
② Global Standard에 기준을 둔 Best Practice를 담고 있는 ERP Package 사용
③ ERP는 전자적 자원 활용을 위한 시스템으로만 접근하고 경영자를 위한 자원은 EIS로 접근
④ 프로젝트 시작 전 향후 운영 계획까지 포함 되는 Master Plan의 설정

3. ABC제약 ERP 오픈 후 운영 및 안정화 사례

3-1 ABC제약의 ERP 시스템 운영 방식

1) ABC제약을 위한 X컨설팅의 운영 조직도

ABC제약은 A ERP SOLUTION 구축 초기에 이미 구축 업체와 구축 후 운영 Outsourcing을 하기로 결정하고 프로젝트를 진행하였다.

시스템 오픈 후 ABC제약의 ERP 시스템 안정화 및 운영을 위해 X컨설팅에서는 ABC제약의 ERP를 전담 운영하기 위한 관리자를 지정하고 본격적인 외주 운영서비스를 수행하였다. 이때 수행 조직은 ABC제약과의 제1접점의 위치에 있으며, ABC제약의 프로세스 및 개발 이슈를 관리하는 최고 책임자 역할을 하는 X컨설팅의 ABC제약 담당 Account Manager(구축 프로젝트 시 Project Manager와 같은 역할을 수행하는 운영총괄 담당 리더)와 고객사의 요구 사항을 해결해주는 담당 Module Consultant, 그리고 모듈별 이슈를 관리하고 해결을 도모하는 Module Leader로 구성되었다.

< ABC제약을 위한 X컨설팅의 전담 운영팀 조직도 >

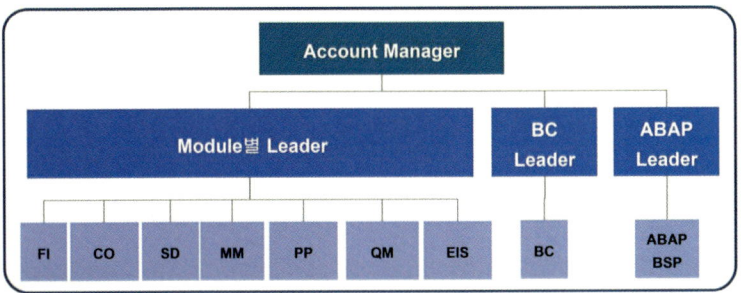

2) 항목별 제공 서비스 내용

ABC제약이 X컨설팅을 통하여 서비스 받는 항목 및 제공 자료 등은 아래와 같다.

① Help Desk Service(ABC제약이 X컨설팅과 협의한 사례로 가정한다)

서비스 항목	제공 자료	Target	Evaluation
Help desk service	해결안 내역	4 시간	N/A

② Problem Management Service

서비스 항목	제공 자료	Target	Evaluation
Application Problem	해결안 제시	Configuration 8시간 CBO 및 Application P/G 3일	N/A
Server problem	장애 처리 보고서	고객과 협의 후 결정	N/A

③ System Management Service

서비스 항목	제공 자료	서비스 Condition	Target	Evaluation
Modification	수정 사항 보고서	요청 시	90%	N/A
Development	사용자 매뉴얼	요청 및 필요 시	90%	N/A
System Monitoring	시스템 사용 현황 월간 보고서	상시	99%	N/A
Support Package 관리	작업 내역서	요청 및 필요 시	작업 완료 후 8시간	N/A
Kernel Patch 관리	작업 내역서	필요 시	작업 완료 후 8시간	N/A
CTS 관리	에코라인 CTS 관리	요청 시	작업 완료시	N/A

ABC제약의 운영 서비스를 수행하면서 보고되는 Service Document의 샘플은 아래와 같다. 아래의 샘플은 Monthly Report인데, Account Manager는 Monthly Report를 통해 해당월 동안 수행했던 운영 사항을 ABC제약에게 보고할 의무를 가진다.

Monthly Report의 포함 내역은 해당월 동안 X컨설팅 운영조직에서 수행한 고객요청사항 대비 해당월에 진행된 서비스 현황 해당 서비스에 대한 ABC제약 측 담당자의 요청 건별 만족도 결과, 시스템에 대한 과부하 및 Hardware에 대한 분석 결과 등에 대한 사항을 포함한다.

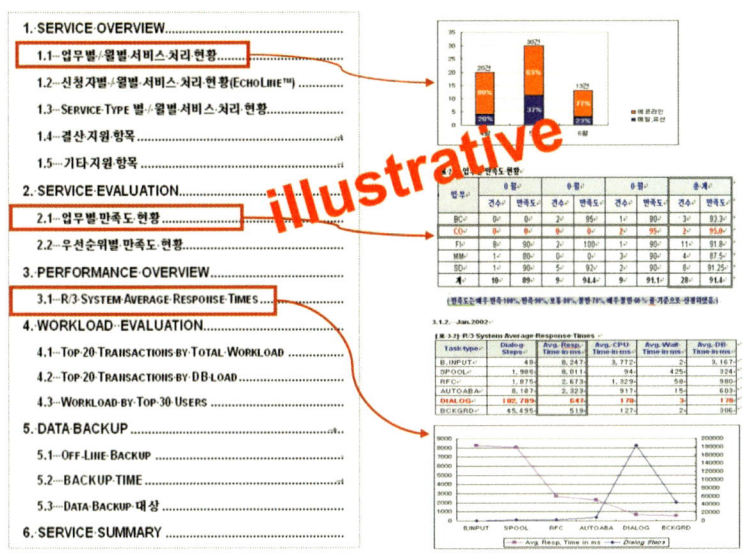

3) 문제 해결 시의 Flow Chart

ABC제약을 위한 운영 업무의 프로세스는 다음과 같다.

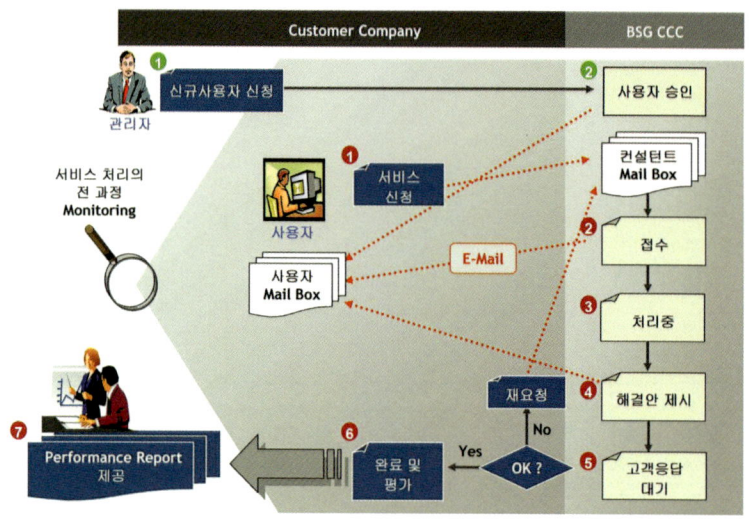

X컨설팅 Customer Competence Center의 Consultant는 ABC제약으로부터 요청된 서비스를 접수 후 해결안을 제시하며, 고객이 자신의 서비스 처리 상태를 한눈에 파악할 수 있도록 헬프데스크용 전용 커뮤니케이션 툴을 통해 관리된다. X컨설팅의 Customer Competence Center는 전용 커뮤니케이션 툴과 유선을 통해 위의 Flow와 같은 처리 절차에 의거하여 처리된 ABC제약의 서비스 요청사항에 대한 서비스 Performance와 시스템 Hardware의 Performance를 분석하여 월별로 서비스 리포트를 작성하여 ABC제약에게 보고하게 된다.

4) ABC제약 운영 서비스 품질에 대한 대외 인증

ABC제약의 A ERP SOLUTION 구축 후 운영 서비스는 단순히 X컨설팅 내부의 운영 프로세스에 의해 수행되는 것이 아니라 A ERP SOLUTION의 사전 검증을 거친 시스템 운영 서비스를 제공하고 있습니다.

즉 X컨설팅은 A ERP SOLUTION 본사에서 규정한 소정의 검증 절차에 따라 시스템 운영 전담 조직인 CCC(Customer Competence Center)의 서비스 체계 및 물질에 대한 감사(Audit)를 실시하였으며, 글로벌 표준에 입각한 고품질의 서비스를 제공하고 있음을 인정 받은 후 A ERP Solution사의 공식 인증을 득한 프로세스로 대외 고객의 운영서비스를 수행하게 된다.

SAP의 구조적 변화(SAP S/4 HANA)

SAP ERP가 최초로 한국에서 구축한 프로젝트가 1994년 삼성전자 광주의 모 생산공장의 프로젝트였고, 저자가 처음으로 SAP를 구축했던 시절이 1996년 가을 인도였으니, 이제 SAP ERP가 한국에서 사용된 지 30여 년이 훌쩍 넘은 시간이 흘렀다.

강산이 세 번 바뀐 시간이 지났으니 자고 일어나면 신기술이 나오는 IT업계는 더 많이 변했을 것이다. SAP도 예전 SAP R/2에서 R/3로 바뀌었고 2015년을 기점으로 다시 큰 변혁이 발생되고 있다. 2015년을 필두로 이제부터는 SAP제품을 구축하길 희망하는 업체가 만약 SAP 구축 견적을 구축업체나 SAP사에 요청할 경우 대부분은 S/4 HANA라는 이름의 견적이 나가고 있다.

그렇다면 SAP S/4 HANA는 어떠한 라이선스 구조와 어떠한 기술적 변경을 가지고 태어났을까?

이는 아직 시작 단계라서 알기 쉽게 설명한 자료가 별로 없다. 따라서 이 지면을 빌어 저자 나름대로 설명을 해 보겠다.

일단 "왜 SAP S/4 HANA라는 이름일까?"

SAP S/4 HANA는 "SAP Business Suite 4 SAP HANA"의 줄임말이다. 사람들은 4가 for를 의미한다고 생각하는데 실제로는 이 때의 4는 for가 아니라 실제 숫자 4를 의미한다. 즉 '4세대 SAP'라는 의미이다. 좀 더 구체적으로 말하면 SAP R/2에서 R/3로 혁신적인 변화를 꾀한 것처럼 SAP S/4 HANA는 HANA 기반의 새로운 코드 라인으로 이루어진 새로운 제품이라는 의미이다.

요즘 추세가 클라우드인데, SAP ERP도 이에 맞추어서 클라우드 버전으로 빠르게 진화 중이다. 이미 2013년 이후부터 해외에서는 SAP 프로젝트가 클라우드 개념으로 구축 중이며, 상당한 레퍼런스도 쌓여가고 있다.

S/4 HANA는 크게 다음의 세 가지 버전으로 되어 있다.

첫 번째가 'On-premise' 버전
두 번째가 '퍼블릭 클라우드' 버전
세 번째가 '프라이빗 클라우드' 버전

현재 이 책을 출간하는 시점까지 우리나라에서 SAP ERP의 클라우드 버전은 출시 일정에 따라 나오고 있으며, 아직은 On-premise, 즉 예전처럼 특정 고객의 프로세스를 수용하기 위해 특정 기간에 특정 공수의 컨설턴트를 투입하여 구축하는 프로젝트가 아직은 진행되고 있다.

이에 따라 라이선스 구조도 변경이 되고 있는데, 특히 DB에 대한 라이선스 과금이 꽤 크게 변경되고 있다. 예전에는 SAP를 구축할 때 고객이 원하는 DB, 예를 들어 오라클, 사이베이스, MS-SQL 등 희망에 따라 선택을 하였으나 HANA 버전부터는 HANA DB만으로 제안된다.

예를 들면 오라클 DB가 사용되는 경우 run time DB 라이선스는 22%였으나 이 책을 출간하는 현재 기점으로는 15%의 HANA DB run time 라이선스가 책정되어 있다. 아마도 저자의 생각에 시장에서 HANA에 대한 시장 확장을 위해 어느 정도 고객에게 어필을 하기 위해서 기존 DB보다 퍼센티지(%)를 낮게 책정했다고 여겨진다.

현재 SAP의 주요 파트너들은 HANA로 변경되는 SAP ERP에 맞도록 컨설팅 체계를 빠르게 변경 중이다. 아마도 수년 안에 HANA 기반의 SAP ERP 구축 방법론을 보유하지 못한 SAP 파트너는 시장에서 살아남기 어려울 수도 있고, 기존 후발 주자군에 속했던 SAP 파트너라고 해도, HANA 준비를 빨리 한다면 새로운 주도 세력으로 부상할 수도 있는 치열한 상태라고 여겨진다.

현재 SAP파트너들은 소위 '델타 Qualification'을 위해 SAP사로부터 데모 시연 준비에 치중하고 있으며, 향후 1, 2년 후에는 현재의 파트너들은 대부분 HANA Qualification을 완료한 파트너들로 변경되어 있을 것이다.

그렇다면 이제 시장에 진출하고자 하는 컨설턴트나 기존 SAP 전문 컨설턴트는 어떻게 대비해야 할까?

SAP는 HANA 기반의 SAP 컨설팅 인력을 육성하기 위해 이미 교육 준비를 마치고 많은 수의 컨설턴트들이 교육 수강 후 HANA 기반의 Certification을 보유하고 있다. 하지만 기존의 FI/CO Certification, ABAP Certification과는 약간 상이하다.

예를 들어 SAP HANA 기반의 개발자 Certification을 획득하기 위해서는 우선 ABAP 개발 Certification을 획득해야 하고, 이 자격을 갖춘 사람이 다시 HANA 개발 Certification을 볼 수 있다. 즉 DB 구조가 달라지면서 기존 ABAP의 경우 SQL문 등이 변경되긴 하지만, ABAP의 주요 개념은 기존 소위 '자격증'을 보유할 정도의 지식이 있어야 HANA 기반의 ABAP을 이해할 수 있다는 개념으로 자격증 체계가 변경된 것이 아닐까 생각한다.

제14장

S/4 HANA의 주요 모듈의 변화

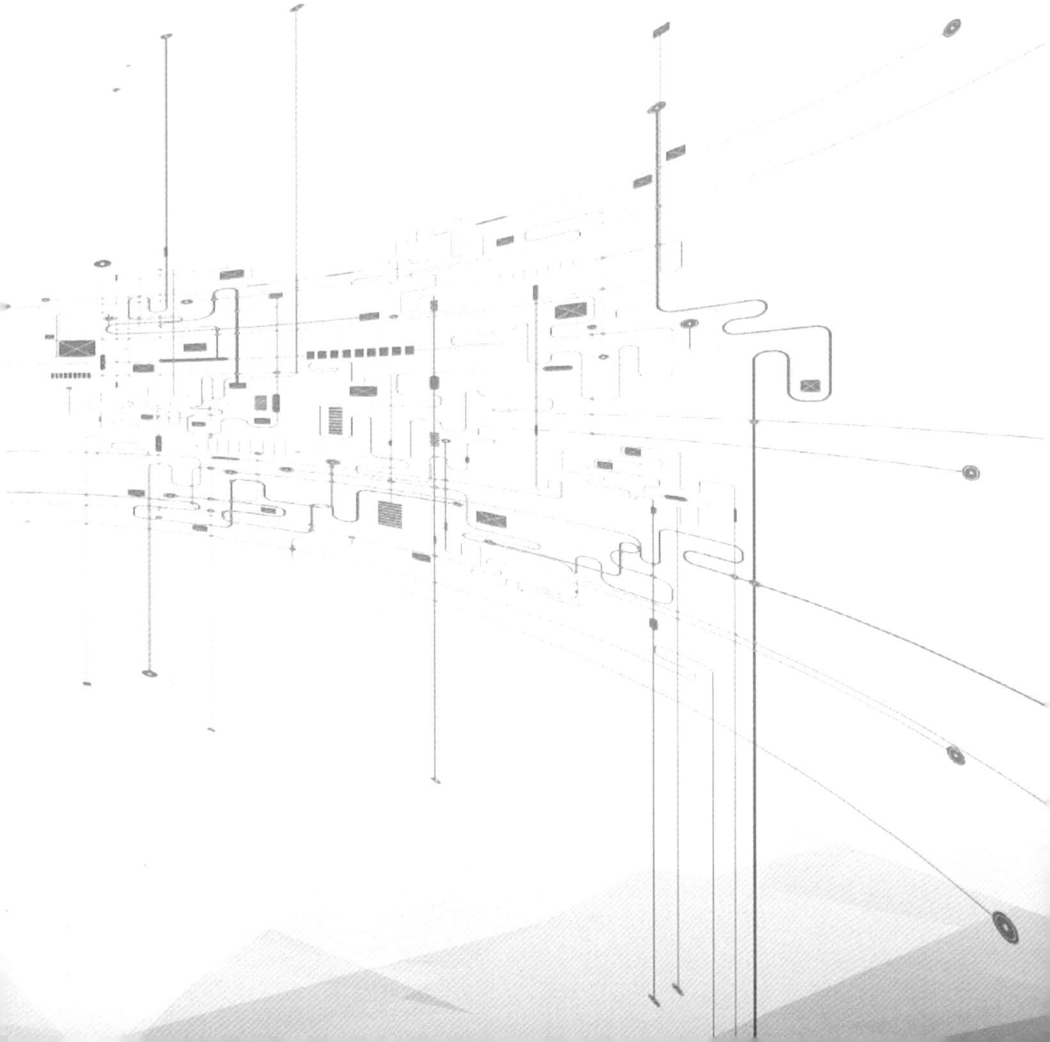

SAP가 S/4 HANA로 변경되면서 사용자 입장에서 가장 크게 바뀌는 부분은 '화면'이다. SAP가 기존에 가장 큰 아킬레스건이라고 한다면 사용자 입장에서의 화면이 그리 '예쁘지' 않아서 처음 접하는 사용자들 입장에서 많은 호응을 받기 어려웠던 것이 주지의 사실이다.

이를 해결하기 위해 SAP는 피오리(Fiori) UX라는 것을 내세웠는데, 마치 예쁜 웹 화면의 미려함을 갖추고 사용자들이 기존의 딱딱한 SAP 화면 대비 상당히 호감을 가질 수 있게 진화시켰다.

기존 SAP 화면과 기표 화면만 비교해 보면 확연하게 차이를 느낄 수 있다.

위 화면으로 만약 회계에 대한 기본 지식이 없는 사용자를 교육시킨다고 가정한다면 아마도 기존 SAP의 기표 화면(T-Code F-43) 보다는 좀 더 쉽게 이해할 듯하다.

그리고 가장 큰 변화는 테이블이 FI Module과 CO Module의 하나의 Ledger 형식을 이루도록 Standard Table 자체가 통합된 것이다.

재무관리회계(FI/CO) 부분이 먼저 화면 단위까지 바뀌어서 출시되었는데 이것을 'Simple Finace'라고 부른다.

지금 설명하는 부분은 기존 SAP 컨설턴트 정도의 사전 지식이 있는 경우에는 피부에 와 닿을 수 있으나, SAP를 접해 보지 못한 사람의 경우에는 데이블의 용어가 매우 생소할 수 있다. 이는 "테이블에 저장되는 데이터가 하나의 테이블로 합쳐지는 방향으로 변했군." 정도만 이해해도 될 듯하며, SAP 업계에 몸담고 있는 사람의 경우에는 "간편하게 인메모리 기술을 통해 데이터 점유 공간을 줄이고 인텍스, 집계를 위한 중복 작업이 최소화하도록 테이블 설계를 합쳤네." 정도로 이해하면 되겠다.

〈S/4 HANA의 Simple Finance 트랜잭션 처리〉

위의 간략한 사례는 SAP상의 FI/CO 관련 테이블 명을 나열한 것이다(참고로 FI 모듈에서 가장 기본이 되는 테이블은 전표의 헤더 정보가 저장되는 'BKPF'라는 테이블과 전표의 라인아이템 정보, 즉 차/대변 기표 정보가 저장되는 'BSEG'라는 테이블이 가장 기본이 된다).

기존 SAP가 Aggregate Table과 Index Table로 함께 기표한 정보가 분산 저장되었다고 본다면, S/4 HANA에서는 이 두 가지 유형의 Table이 View 테이블 정도로 바뀌면서 나머지 주요한 정보는 모두 BKPF와 BSEG 테이블에 바로 저장된다.

이렇게 되는 경우 DB학적으로는 해당 DB에 도리어 많은 데이터가 더 포함되면서 레코드를 읽어서 자료를 찾는 데 논리적으로는 시간이 훨씬 많이 걸리게 된다. 하지만 DB 자체가 HANA DB라는 인메모리 기반으로 변경 속도는 더 빨라진다는 것이 HANA의 개념이다.

마치 예전 노트북의 HDD가 요즘 SSD로 변경되면서 읽는 속도가 빨라진다는 것과 유사한 개념이다.

또한 조금 전에 설명한 사용자 화면을 유려하게 보여주는 Fiori라는 UX는 HTML5 기반이라 any device에서 모두 볼 수 있다는 장점도 있다.

저자 개인적으로 볼 때 HTML5의 장점이 녹아져 있는 Fiori가 상당히 좋은 개념임에는 틀림없다, 하지만 만약 특정 오더를 처리하는 필드가 매우 많을 경우 이를 Fiori 기반으로 볼 수 있다고 해도 스마트폰의 작은 화면으로 데스크탑이나 노트북의 화면처럼 모두 필드를 보여주었을 때 사용자의 눈 피로도는 가중될 수 있다. 따라서 작은 화면을 위한 별도의 화면 조정을 통해 변경하는 작업은 계속해야 할 듯하다.

IT 컨설턴트의 소고

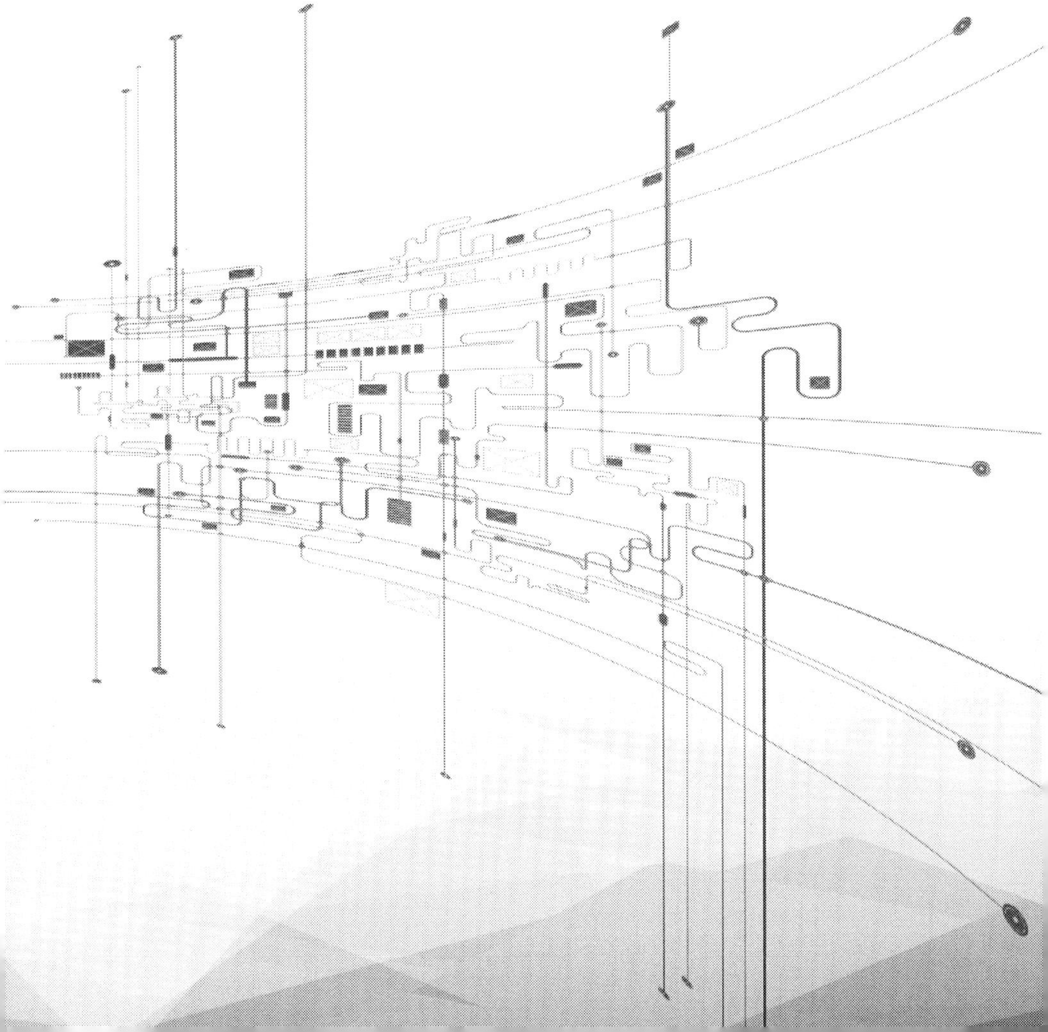

보통 어떤 IT 프로젝트를 수주하기 위해 IT업체의 Project Manager급의 리더가 해당 프로젝트의 구축 방안을 구상하는데, Project Manager 입장에서는 8개월이 걸릴 것이라고 예상을 했다고 치자.

8개월로 제안을 하면 경쟁사보다 기간이 길어서 해당 프로젝트를 수주하기 어려울 수도 있다. 할 수 없이 한 달 반을 줄여서 제안을 했다.

6.5개월 프로젝트!

치열한 경쟁을 뚫고서 다행히도 해당 프로젝트의 우선협상대상자로 결정이 되었다. 이제 거의 수주를 한 것이나 다름이 없다.

우선협상대상자 입장에서 고객사 담당자와 초반 프로젝트 수행계획서 협의를 시작했다.

하지만 고객사에서는 프로젝트 금액이나 기간을 좀 더 줄여서 하고 싶어한다.

우선협상대상자 후보군 업체는 고객사에게 1차 우선협상대상 업체보다 더 짧고, 더 적은 비용으로 구축이 가능하다고 계속 어필 중이다.

잘못하다가는 후보 업체에게 수주가 넘어갈 수도 있을 듯하다.

프로젝트 수주 책임자 입장에서 할 수 없이 프로젝트 기간을 한 달 더 줄이고, 모든 일정계획을 압축해서 잡았다. 결국 최종적으로 프로젝트를 수주하게 되었다.

이제 투입될 컨설턴트와 개발자 입장에서는 원래 생각했던 일정인 8개월보다 2개월 반이 준 5.5개월 안에 프로젝트를 완료해야 한다.

프로젝트 수행 계획서가 5.5개월 프로젝트로 협의가 되고, 프로젝트가 시작되었다.

대부분의 프로젝트가 보통 초반 계획했던 Scope보다 구축 범위가 늘게 마련이다. 이번 고객사 프로젝트에서도 결국 To-Be 프로세스를 완성하게 되면서 초반 고객사가 요구했던 구현 Scope보다 조금씩 구축 범위가 늘어났다.

당연히 고객사는 완강하게 모두 구축해야 한다고 프로젝트 책임자를 압박하기 시작했고, 프로젝트 책임자는 투입된 팀원들을 다독거리면서 계속 야근에 주말 근무를 진행하면서 프로젝트를 수행하게 되었다. 사람들은 천천히 피로가 누적되었고, 거의 집에 들어가지 못하는 날이 많아졌다.

다행히도 프로젝트 책임자와 팀원들의 팀웍이 매우 뛰어나게 조화를 이루어서 결국 고객이 요구한 짧은 기간에, 더 많은 요구사항에도 정말 깔끔하게 프로젝트를 마무리하였다.

고객은 해당 프로젝트 구축 회사에게 매우 감사해 하면서, 해당 고객사의 다음 프로젝트가 또 진행될 때 다시 1차 구축했던 컨설팅 업체에게 우선권을 주었다.

1차 구축했던 컨설팅 업체는 결국 고객에게 좋은 결과물을 만들어주게 되어 2차 프로젝트도 수행하게 되었다. IT컨설팅 회사 입장으로는 비록 매우 고생한 프로젝트였으나, 그 결과로 추가 프로젝트를 수주하였으니, 1차 프로젝트는 예상이익율보다 훨씬 줄어든 프로젝트였지만 만족할 만한 결과였고, 2차 프로젝트를 계속 수주한 것을 매우 좋아하였다.

하지만 2차 프로젝트에서도 1차 때와 같은 고객의 기간, 구축 금액, 요구사항의 압력이 동일하게 있었다.

2차 프로젝트에 투입된 해당 IT컨설팅 회사의 책임자와 직원들은 다시 1차 프로젝트처럼 야근과 주말근무를 하면서 프로젝트가 시작되었다.

어느 날 IT컨설팅 회사 책임자가 해당 고객사의 프로젝트 담당 리더들이 커피를 마시면서 담소하는 자리를 지나가다가 우연하게 고객사 사람들이 이야기하는 것을 듣게 되었다.

"김 차장, 역시 프로젝트 관리 잘해. 구축하러 들어온 업체 관리 잘했어. 그렇게 짧은 기간으로 줄여서 1차 프로젝트를 성공적으로 조기 오픈 시키고, 더군다나 구축 비용까지 예상치보다 절감시켰네. 내가 본부장님한테 정말 칭찬 많이 들었어. 이게 다 김 차장 덕분이야. 역시 최고야. 이번 시작된 2차 프로젝트도 1차 때보다 더 비용을 줄여서 계약했다고? 아주 잘했어."

"아닙니다, 부장님. IT 개발하는 사람들은 무조건 푸시하고, 강력하게 협박하면 돼요. 안 그러면 다른 IT 구축회사로 바꾼다고 하면 다 따라오게 되어 있거든요. 수주하려면 별 수가 없기 때문에 업체 관리는 이렇게 하면 됩니다. 역시 IT개발자들은 터프하게 관리해야 돼요. 하하하!"

우연하게 이 이야기를 들은 IT업체 책임자는 혼자 조용히 창가로 가서 저 멀리 떠있는 둥근 달을 보면서 한참을 혼자 서 있었다.

극단적일 수는 있으나 아마도 위 사례가 빈번하지 않을까?

단, 하나의 프로젝트를 놓고 보면 해당 프로젝트는 짧은 기간에, 적은 비용으로 성공적이었다고 할 수 있다. 하지만 이것을 대부분의 IT 프로젝트로 확대해서 놓고 보면 현재 우리나라 IT 업계의 근로 강도, 복지, 미래가 함축적으로 그려진 상황이다.

우리나라 IT 기술력은 세계 최고라고 많은 인정을 받고 있다. IT 업계에 있는 많은 사람들도 이러한 최고의 자부심을 가지고 일하는 사람들도 많다.

하지만 과연 이러한 업의 형태가 우리나라 IT 기술력이 선진화된 세계 최고라고 할 수 있을까?

구글이나 마이크로소프트에서 환갑을 바라보는 IT개발자가 코딩을 하면서 후배 개발자를 육성하는 것을 왜 우리나라에서는 볼 수 없을까?

우리나라에서 젊은 나이에 그 많은 축척된 IT 기술력을 지닌 개발 인력이 왜 30대 중반을 넘고 40대가 되면 도태되어, 다시 후배들에게 그 선배의 기술력을 전파할 수 있는 기회가 없을까?

장기적으로 보면 우리는 너무도 빨리 성장주의에 취해서 탑의 아래 기둥의 뼈대는 금이 가고 있는 것을 모른 채 계속 높이 올라가고만 있는 바벨탑을 만들고 있지는 않을까?

우리가 진정한 IT 강국이라면 그 뼈대를 이루고 있는 주변의 수많은 IT 인력들이 자긍심을 가지고 계속 나이가 들어도 그 업을 자랑으로 여기고 일할 수 있는 생태계가 빨리 왔으면 좋겠다.

8개월짜리 프로젝트를 5.5개월에 단축해서 성공적으로 구축을 했다는 무용담이 계속 늘어날수록 역설적으로 우리나라의 IT기술 자립도나 기술력은 아마도 점점 우리가 모르는 사이에 후퇴하고 있을지 모른다.

그리고 이 일을 하면서 듣게 되는 다른 업계의 상황으로 판단하건대, 이는 비단 IT 업계만의 문제는 아닐 것이며, 대한민국의 전반적인 영역에서 보이는 미래상이 아닐지 걱정되는 것은 왜일까?